竹田新
TAKEDA SHIN

やり直せ日本‼

いっこく親父の紙つぶて

文芸社

はじめに

まずは、この書を手にしていただいた方々に心より感謝申し上げます。

私はいよいよ後期高齢者になりました。昭和・平成・令和とこれまでに多くの出来事に出合い、マスメディアの情報に接してきました。

そんな中で、特に最近、日本の国が間違った方向に向かっているという気がしています。

即ち、数多くの重大な問題を抱えており、近年それらの問題が特に深刻化し、もはや早急に改革に手を付けなければならない時期に来ている、ということを痛感しています。

特に政府の無策と怠慢には大いに怒りを覚えています。このまま手をこまねいていては、日本の国はどうなってしまうのだろうと心が痛むばかりです。

私がどのような経験や信条から憤り、嘆いているかを知っていただくために、私の略歴をお話しいたします。

私は愛知県の小さな町（現在は市）に生まれ、東京の大学を卒業して、多少の道草をしたあと、地元のテレビ局に就職し、以後六十五歳までほぼ四十年間勤めました。

テレビ局での仕事は、報道部ではニュース取材、ドキュメンタリー番組の制作、行政の広報番組などに携わり、その後総務・開発・秘書・経理などの職場を経験しました。

退職後は地元の町の町内会活動に参加して、町内会長も務め、以来町内の相談役のような役割を担っております。

そうした静かな暮らしで余生を過ごそうと考えておりましたが、最近の日本の嘆かわしい現状に、昔からの反骨精神に火がつき、黙ってはいられない心境に立ち至りました。

今やインターネットの時代で、ＳＮＳなどによって、自分の考えを瞬時に世間に広く伝える方法があるわけですが、その情報は早いけれども長く残りません。また深い感動を与えることも少ないはずです。

そこで伝統的な書物の発刊という極めてアナログ的な方法で自分の意見を伝えたいと考えました。

またこの行動はいわゆる私の『終活』でもあると考えております。

さて、我が日本は島国であり、鎖国政策が可能であったように、歴史的に海外との文化交流が比較的少なく、戦争による長期間の占領もなかったために、独自の言語や文化が受け継がれてきました。

第二次世界大戦により、決定的な敗戦で大きなダメージを受けましたが、幸いにして植民地となることもなく、他国の言語や文化を強いられることもありませんでした。

しかし一方で、戦後七十五年あまりの『平和』と、急速に進んでいくＩＴを中心とした文明の変化が、我が国をも大きく変えようとしています。

いまや急速な変化の中で、日本人は将来を見据えた的確な判断と行動をとらなければなりません。

しかし、そうした重要な時期であるにも拘らず、日本の現状はどうでしょう。

政治は金と権力にまみれ、若者はしらけて選挙にも行くことはありません。

このような現状に対し、私が言いたいこと、今すぐ始めなければならないことを、この書によって伝え、皆さんに考えていただきたいのです。

この書の中で提案している内容は、現実的ではなく、常識はずれだと感じられることもあるかと思います。

しかしながら、到底不可能なことでも、必ず考えるヒントになるはずだと思います。

いずれにしても日本がこのままでいいはずはありません。今すぐ国民みんなで日本を変えていかなければならないと、心から願ってやみません。

もくじ

真の民主主義実現に向けて

まず皆さんに質問します。「日本の政治の根本原理は何でしょう」。

そう『民主主義』です。

ところで民主主義とはどういうものでしょうか。それは「多数決の原理」だと思うのです。国民の多くの意見を反映するための政治形態です。

でもそれだけでいいのでしょうか。とても大切なことを忘れてはいませんか。

それは『少数意見の尊重』だと思います。

現在行われている政治は、すべて多数決原理の行き過ぎで、少数意見がすべて排除されており、専制政治と何ら変わらないのです。

一人が決めるか、過半数が決めるかの違いはあったとしても、ほかの意見を全く切り捨てるというやり方に変わりはないからです。

しかし、民主主義の下では『少数意見の尊重』が重要視されるべきです。

多様性を認め、多面的な視野に立って、まつりごとを行うことなのです。

日本は民主主義政治ですから、少数意見が尊重され、最終的には反対意見も何らかの形で採り入れなければなりません。

しかし現在の国会運営はどうでしょう。

ひとつの党に属する議員が過半数を超えていれば、すべての議案はその党の意向だけで成立してしまい、反対意見が半数近くあったとしても、全く盛り込まれないことがほとんどです。

この現実はもはや民主政治ではありません。中国共産党と何ら変わりません。

自民党支持率が三十パーセントであれ七十パーセントであれ、今の選挙制度が続く限り自民党の一党支配は変わることはないとしたら、いったいどうすればいいのでしょうか。

もちろん大改革が必要ですが、まずは派閥を解消することです。どの議員も自分一人の力で活動し、その仕事ぶりと成果を発表して、一人の個人として国民から信頼されなければなりません。今までの派閥の力は排除されるべきです。

今の国会の問題は山ほどありますが、そのためにまず、国会議員の心の在り方を変えなければなりません。

確かに国会議員は特別な人間です。しかしながら、どういう意味で特別か、ということを常に肝に銘じるべきです。

即ち、「国民の代表として、国民の模範となり、国民のために公僕として働く」という意味においてなのです。

国会議員は、年間約二〇〇〇万円を超える高給を受け取り、一人二億円近い経費がかかっているそうです。また、いわゆる文通費などの活動費、さらにJRや航空機（月四回）には乗り放題、三人の秘書給与まで補填されています。

そうした経済的な特権のほかにも、犯罪行為を除いて会期中は逮捕されない、などの特権を有しているために、「特別な人間」と勘違いして、選挙期間中は有権者にぺこぺこしていた同じ人間が、当選したら急に上から目線でふんぞり返る、それが現実です。

そこで、私は提案します。議員の給与や待遇を全面的に見直します。

給与は月五十万円、国会に出席したときは交通費と日当一万円を給付します。

また文通費は廃止し、JRや航空機などの特権をすべて剥奪します。

政治活動に必要な交通費をはじめ、必要経費は領収書を当局に提出し、適正と認められた範囲で支給されるようにします。

一〇〇〇兆円を超える国の借金を減らすためにも、国会議員の経費を極力抑えることは必須です。また、国の財政状態に対する責任を体感してもらわなければなりません。

国会議員は、国民の模範となるべきであると言いましたが、それを具体化するため、『議員査問委員会』のような組織を置くべきです。

今は警察も議員のグレーな部分には触れたがりませんが、本来一般国民よりも高潔を求められるべき地位にありながら、明確に刑法に触れるようなことのない限り、取り調べが行われません。

ですから、この査問委員会では、たとえグレーであっても、議員として相応しくない言動をとっている議員には、注意とともに事実の公表や減俸、あるいは辞職命令などの懲罰を科すことができるようにします。

査問委員には、省庁の幹部経験者や、政治学者、裁判官などから十人程度を、最高裁判所の長官が任命したらいいと思います。

警察権力や、司法が国会議員の不正の捜査に躊躇するのは、そのトップの人事権を彼らが握っているからにほかなりません。

たとえ首相や大臣であっても、国会議員に変わりありません。単にバックの強さによって当選しただけの人たちです。

そんな人たちが、難しい国家公務員上級試験をパスしてきた人たちの人事権を握っていること自体、極めて異常です。

民主主義の根幹自体がねじ曲げられています。

この人事権をそれぞれの省庁に戻し、政府とは切り離した存在にすべきです。

再度言います。国会議員は国民の模範として、また公僕としての自覚を持ち、常に国民に顔を向けて真摯に仕事のできる人たちに限るべきです。


【大改革の提案】

さて、現在の党と派閥と自分だけを守ろうとする、腐りきった政治を改革するための壮大な改革案を提案します。

①政治献金の禁止
政治献金は全面的に禁止します。

今までも、賄賂と政治献金の区別については議論されてきましたが、『グレーならＯＫ』という印象です。

政権政党への政治献金は限度こそあれ、受けた個人や企業に対する配慮・忖度《そんたく》は、生身の人間なら必ず感じるのが当たり前です。

従って、政権政党はますます太り、ほかの政党はますます力を失うというのが現実です。

自分たちに有利になるように献金するわけですから、それはまぎれもない賄賂です。そのシステム自体を完全に廃止しなければなりません。

②選挙制度改革

次は選挙制度です。現在の議員数は全く無意味です。全く国民に奉仕することなく、国家と国民に貢献する気のない議員、あるいは実行する能力のない議員がなんと多いことでしょう。

そこで衆議院の定数は各県四人とし、計一八八名とします。票の格差が憲法違反だと論議されていますが、『一票の重み』を人数だけで測ることに異議を唱えます。

日本国は地域においても平等なはずです。二つの県を併せて一つの選挙区にするなどというのはもってのほかです。

誰も好んで過疎地域に住んでいるわけではありません。政府の無策によって鉄道が廃止され、それ以外のインフラも不十分で、住民の意見は政府に届かず、ますます不便になって、元気な人たちはより便利な地域に移住していったのです。

話が飛躍しますが、私は国鉄の解体は完全に間違っていたと思っています。

人口密集地の鉄道だけが儲かり、地方路線は赤字続きで、結局廃線の憂き目を見てきました。

国民の期待に応えるための最後の交通手段は、公共交通機関です。どんな過疎地域でも日本全国を網羅した鉄道網が必須です。そのためには、儲かる路線も赤字路線もひっくるめて経営する国家的企業が必要だったのです。民営化が、その時代に望まれる国家戦略であるかのような誤解が、現在のひずみを生みました。

都心に人口が集中するのは当然ですが、みんな高額な給与や、よりよい社会環境を求めて移り住んだのです。

今はそうした恵まれた人たちより、むしろ過疎地域で不便な生活を強いられている人たちの意見を聴くことが必要なのです。

地域格差の平準化は、国としての重要な使命の一つです。ですから各県からの国会議員は同数であることが妥当だと考えます。

話を本筋に戻しましょう。参議院についてはやや複雑です。

以前存在した地方区と全国区を復活させます。

半数ずつ改選する選挙制度は残すとして、三年ごとの選挙では全県定員一名とします。しかも政党からの出馬は認めず、すべて無所属とします。

つまり参議院議員は、政党色に染まっておらず、周りのしがらみをすべて排除して、自らの考えで意見を述べ、活動を行うことを期待されるのです。

即ち地方区の議員数は各県二名で九十四名となり、これに全国区の議員五十六名を加え、総勢一五〇名とします。

③議員認定制度の導入

さて次は、国会議員の質の維持についてです。

現在の国会議員のほとんどが、政党や派閥にがんじがらめに縛られ、権力や金力に左右されて、国民の負託に応える意識も遠のいているのが現状です。

また、議員の質的レベルが明らかに下がっていると思います。

敢えて例に出させていただきますが、NHKを攻撃するだけで議員が務まりますか。

まして森友・加計問題や「桜を見る会」で、首相が自らの利益のために国費を費やしたというのは、本人が命じたという明らかな証拠がないとしても、国の最高責任者として、いわゆる管理者として責任を取るのは当たり前です。

それをうやむやにして「国葬」を国民の反対を押し切って行おうとすることも、明らかに国民への背信行為です。

このような人たちに日本の政治を任せておいていいはずはありません。

そこで提案したいのは「立候補者認定制度」です。

即ちすべての立候補者に対し、国会議員として国の盛衰、場合によっては存亡に関わる、重要な仕事を任せるに足る能力を備えているか否かを判定し、認定する制度です。

多分「そんな制度は自由主義に反する制度だ」と反論される方もおられるかもしれません。

しかし考えてみてください。認定を得るための試験を受ける権利は誰にでもあるわけです。門戸は完全に開かれています。

国の政策を決定する特別な職務に就く人を選ぶのに、何のハードルも設けていなかったことの方がむしろ異常だったと考えます。

いかに世の中の伝達手段が豊富になったとはいえ、短い選挙期間で立候補者の考え方や知識レベルなどを理解できるものではありません。

結局、政党、知名度、見た目、職歴、性別や年齢などで判断されるのが現実ではないでしょうか。

政治・経済・法律の基本さえ知らない立候補者に投票してしまうことがないよう、この認定制度は是非とも必要なのです。

長年続いてきた旧来からの選挙制度と派閥政治の結果、非常識な言動で、何人もの大臣や副大臣さえ辞めなければならないことになるわけです。なお悪いことにその任命責任を誰もとりません。


ところで、私はその認定試験の内容を三種類に分けたいと思います。

衆議院議員用には常識問題を中心とした一般的なA試験。

参議院地方区にはもう少し実際的・専門的なB試験。

参議院全国区にはより専門的なC試験。

この試験に一定レベルの成績を収めることを立候補の条件とします。

もう一つ、「議員として何を志すか」という作文が必要だと思います。

この試験問題は、例えば自治省が作成し、参議院全国区の議員の中で選ばれた専門委員を中心に議論して最終案とします。採点も行ってもらいます。

専門委員の人数は十人とし、五人ずつ三年交代とします。

試験は年度二回実施して、資格者を増やしていきます。

この認定試験に合格すれば、特別の理由がない限り、資格に該当する選挙なら終生立候補が可能で、選挙のたびに試験を受ける必要はありません。

④投票方法について

現在の投票方式は、いわば「肯定最高位投票方式」です。

肯定最高位投票とは、最も適当だと思う候補者を一人だけ投票する方式ですが、考えてみてください。例えば定員二人の選挙区において、一人だけに○をつける選挙で選ばれた二人の候補者と、二人に○をつけて選ばれた候補者と同じ結果になるでしょうか。

一人目は、支持政党であることや、地域や知人のしがらみから投票するケースが多いと思います。

もし二人に○をつけるとしたら、二人目はどういう人を選ぶでしょう。

考え方によるとは思いますが、支持政党ではないけれど、若々しく清潔で知的な候補者に○をつけたくなりませんか。

その候補者は一人だけの投票方式の下では、かなり選ばれにくい立場だと思います。

しかし二人選考方式にすることで当選する可能性が上昇すると考えます。

肯定最高位投票方式と定員数投票方式の、どちらが有権者の意志を正しく反映しているかを判断することは、極めて難しいかとは思いますが、政治の停滞を打破するには定員数投票方式が勝っていると私は確信しています。

ただし現在の選挙制度では実現できません。制度を変更する必要があります。

この章の最初に、現在の選挙が「肯定最高位投票方式」と言いましたが、現在の投票方式にはもう一つ欠点があるのです。

それは肯定的な投票方式であって、「○」しか書けないことです。

それを「×」も有効にする「否定的投票方式」を取り入れるべきだと考えます。

例えば、ある候補者は人気もあり立会演説会に大臣経験者など著名な政治家が応援に来て、当選間違いなしとみられています。

しかしその候補者をよく知る人は、当選すれば、上から目線でものを言い、顔を常に党の幹部の方だけに向け、心は金と権力のことばかり。このような候補者だとしても、現行の選挙が実施されれば、多分この候補者は当選するでしょう。

しかし、もし「否定的投票方式」を採用して「×」もつけられるようにし、一つの「×」は一つの「○」を消す効果を認めれば、有権者の意志が妥当に、より正確に反映されることになると思います。ただし「×」の数は一つに限るのが妥当だと考えます。

この章の最後になりますが、現在の日本の政治機能は、自民党の長期政権によって泥沼のように淀んでいます。

熱意と情熱を抱き、潔い心で入党した若者も、泥沼の中で身動きできずに初心を貫くこともできず、悶々として議員生活を送るか、または自分の意志を封じ込めて目上に迎合して幹部にはなったものの、結局初心を実現させせぬまま議員生活を終える、というのが現実だと想像します。

残念ながら今の野党にもそれを浄化・改革する力はありません。

いま、少しでも早期に政治改革が必要です。しかし、現状では、内部からの抜本的な改革は望めません。頼みは外圧しかないと思います。

例えば、国会・内閣・最高裁判所の三権について、各県庁が広く行ったアンケート調査の結果を土台として、国内すべての新聞社と民放各社の代表者による会議組織で、集約された意見を「国民の意見」と位置づけ、三権への不信任を突きつけることを特別権利として認める、というようなことを考えなければなりません。

いずれにしても、今必要なことは、政党色を払拭し、議員一人ひとりが国民の思いを第一義に考え、自らの熱意と経験と能力を発揮して真摯に働く、そういう人たちが力を合わせることで、あるべき日本の将来を築いていかなければならないのです。そうでなければ日本に未来はありません。

義務教育の抜本的改革を

日本の義務教育について考えてみたいと思います。

まず皆さんに問います。

「ここに三角定規があります。その直角を挟む二辺が十五センチと二十センチだとしたら、もう一つの辺の長さは何センチですか」

もう一題。

「関数で $y=x^2$ の表すグラフを描いてください」

この問題に難なく答えられた方はどのくらいおられるでしょう。

十人のうち何人おられるでしょうか。そしてこのような知識があったとして、今までの生活に役に立ったことはあるでしょうか。

教師や教授あるいは特定の職業の人を除けば、決して役に立ってはいないと思います。

私はこんなふうに考えてみました。

ある小学校の算数の時限に、先生が次のような質問をしました。

「時速三キロで歩く子どもが、一キロ離れた駅で、九時ちょうどの電車に乗るには家を何時何分に出ればいいですか」と。

賢い男の子がいち早く答えました。

「八時四十分です」

先生は「その通りですね」と笑顔で応えましたが、ある女の子が反論しました。

「でも、それでは私が駅に着いたと同時に電車は出発してしまいます。私だったら五分は余裕を持って八時三十五分に家を出ます。切符だって買わないといけないし、途中で何かあったらいけないし」と。

さて先生はその反論にどう応えたらいいでしょうか。皆さんならどうですか。

こんなふうに答えてはいかがですか。

「確かに実生活ではそうするでしょうね。個人個人の考え方や行動の仕方によって余裕は三分でいいと考える人もいるでしょう。ただし計算上の所要時間が二十分かかることを知ったうえで、五分の余裕を見たのでしょう。ですから誰もが算数の知識と生活の知恵をうまく併せて暮らしているんですね」と。

話を戻します。例えば算数でいえば現在の小学校の四則計算を中心とした学習はともかく、特に中学校の数学の中には普段の生活とは全く縁のない項目がいくつもみられます。

私は、机上だけの学習はできるだけ減らし、実生活に関わりの深い内容に絞るべきだと考えます。

『六・三・三・四制』については後で述べますが、小中学校で身に付けるべき内容は、できるだけ厳選して、学習内容についてはすべての児童生徒が満点をとれるように指導していくのが本来の教育だと考えます。

今の教育は、生活と乖離した学問的な項目を、個人差を付けるために教育課程に組み入れている、そんなふうに思えてなりません。

私は、小中学校の主な教科は次のような内容に変えていくべきだと考えています。

教科について

【算数・数学】

先ほど例に挙げましたように、算数も数学も現在の項目を厳選し、実生活を想定して、じっくりとすべての児童生徒が理解できるように努めるべきです。

四則計算から始まり、図形や確率・統計、論理的証明など、一般生活に関連する項目を選ぶべきです。

常に一般生活と関連させながら教育を進めるという姿勢が大事だと考えます。

【国語】

まず、「国語」とはどういう意味でしょう。

日本の国の言葉、という意味だと思いますが、何故「日本語」ではないのでしょう。そんなことを考えること自体ふざけていると思われるかもしれませんが、「国語」の教科で私たちは何を学んだのでしょう。

英語の教科は、学校によって多少の違いはありますが、「リーダー」「グラマー」「コンポジション」と三つの別々の授業で学んだのではありませんか。

ところが、「国語」にはただ漠然と教科書を読み、漢字を覚え、文章の要旨を理解する、といった程度で、特に文法や作文、歴史的理解、正しい日本語の話し方、などといった項目ごとの授業はなかったと思います。

「日本語は生まれたときから使っているからそういう必要はないでしょう」なんていう考え方は、浅はかな、そして実は危険な考え方なのだと私は感じています。

その結果として、現代の若者の言葉の乱れ方は呆れるばかりです。

まず語句を知りません。聞こえてくるのは、「マジ」「ヤバイ」「カワイイ」だけです。もちろん尊敬語も謙譲語も丁寧語もありません。

その理由は、しっかりと教育されていないからです。正しい日本語の授業がなかったからではないでしょうか。

それに言葉の乱れは心の乱れだと思うのです。

これは偏見ではありません。人は言葉とともに態度も変化していきます。我が子に言葉の乱れを感じたら赤信号です。

話が逸れてしまいましたが、小中学校での「国語」、いや「日本語」と言わせてください、日本語の学習は、「日本語というもの」を教えることです。

日本語はどのように生まれ、歴史とともにどう変化してきたか。漢字とひらがなとの関係、またカタカナとの関係はどういうものか。標準語と方言について。日本語の表現の多様性とは具体的にどのようなものか。現代の日本語は正しく継承されているか。などを教えてもらいたいものです。

今の若者は「カワイイ」としか口にしませんが、その場面ごとに、「美しい」「素敵」「きれい」「可愛らしい」「優雅」「素晴らしい」「清々しい」「感動的」など、そのときの印象を日本語は多様に表現できるのです。

そういう意味では文学小説や俳句を勉強するのもいいかもしれませんね。

もう一つ大事なことは「話し方」です。その場に応じて、尊敬語を、謙譲語を、そして常に丁寧な日本語を話すことです。

もう一つ是非小中学校で必要とされるのは「会話」です。

私はいま教育課程として「会話」を日本語教育の基本としなければならないと考えています。

対等な人や目下の人に対しても敬意を払って丁寧な言葉を遣い、先生や両親など目上の人には尊敬語と謙譲語を遣う。

そうした会話の学習をしっかりと繰り返し実施してほしいのです。

このような教育を徹底し、若者たちが美しい日本語を話すようになったら、犯罪さえも減ってくるのではないかと私は信じています。


【英語】


英語を幼い頃から習うということは、とても望ましいことだと思います。

ただし今の英語に関する環境は最悪の状態です。それは政府とマスメディアの責任が重大だといえます。

発音はめちゃくちゃ、長い単語はすぐに短縮語を作って自慢げに話します。アナウンサーでさえ本来の意味も発音も知らずに喋り、ほとんど平板アクセントにしてしまいました。

私が疑問に思う実例を紹介しましょう。

あるときラジオを聴いていたら季節ネタとして「いちご狩り」の話題を伝えていました。その中で、家族でいちご狩りに来ていたお父さんがインタビューに答えて、「今日はお天気も良かったし、いちごもとても美味しかったのでベリーグッドでした」と話していました。アナウンサーは「洒落を交えてとても楽しそうでしたね」と結びました。

さて皆さんはどう感じますか。

もちろん非難されるような内容ではありません。しかし「Ｂｅ」の「ベ」と「Ｖｅ」の「ヴェ」をごっちゃにしていることを全く意識していません。

現在の日本の英語環境では、学校で子どもたちに正しい英語を身に付けてもらおうとしても、「あれーテレビと違うね」「お父さんが言ってるのと違うよ」と子どもたちは混乱してしまいます。

「Ｒａ」の「ラ」と「Ｌａ」の「ラ」は、その違いを表記することさえできません。

そこで提案したいのは、「外来語」という言語アイテムを文部科学省がはっきりと定義づけ、発音やアクセントも統一し、毎年「外来語一覧」を刊行して、どこの国の言葉か、本来はどういう意味か、日本語での表記の仕方と発音などを載せたらどうでしょう。

マスメディアはその指導に従うようにします。つまり「外来語」を、個人はともかく、マスメディアは文科省の指導に従って、勝手に短縮させたり、表記やアクセントを変えたりしないようにします。

例えば現在「ベスト」と書くと、「最上」という意味か「チョッキ」という意味か判りません。

「ライト」は「明かり」か「右」か判りません。

チョッキは「ヴェスト」、例えば灯りは「ライト」とか「らイト」という表記にするなど、差別化を促すことを提案します。

そうしたことを幼い時期から理解させ、英語を学ばせるときは、外国語と外来語とは全く別物であることをしっかりと伝え、正しい発音と意味を理解させるように指導すべきです。

お父さんが野球を観ながら「あーあ、ライトフライか」と残念がるのを子どもが聴いていて、「お父さん、それは『light』じゃなくて『right』だよ」と言えるようになれば日本の英語教育は成功したと言えるでしょう。

将来お父さんのように、外国で通じない英会話で恥ずかしい思いをすることはなく、正しい英語を話すことができれば日本の未来は明るいはずです。

一方で、特にマスメディアは気を引き締め、外来語の使用には十分に留意しなければなりません。マスメディアに関してはまた詳しく後述します。

【社会と理科】

社会と理科は一緒にして「社会科学」と名称を変え、人がいま暮らしていく上で知っておくべき知識を、かみ砕いて教えることです。

政治・経済・法律（まず交通ルールから）・地球・国家・世界地理・人種や宗教・生物学・化学・医学・物理学などについて、年齢に応じた学習内容を作成する必要があります。

頻繁に実際の現場を見学して体験することも大いに必要です。

例えば、新型コロナウイルスの予防接種について、お年寄りから順次接種が行われましたが、それはどのように決められたのか、無料なのは何故か、接種をしない人がいるのは何故か。など実に卑近な例ですが、そこには相当多くの要素が含まれています。

子どもたちにはそうした問題を、それぞれ自分たちで考え、その考える力や物事を多面的に見る力を、そして生きた知識、即ち「知恵」と想像力を身に付けさせてもらいたいのです。

受験が済んだらすべて忘れてしまうような勉強は全く無意味です。

【人間形成】

小中学校で学ぶべき最も大切なことは、「心と体の成長」です。それは人間として一番大事なことです。

将来、何らかの形で社会に貢献できる人間として、不可欠な教育をしっかりと実践することが重要です。

心の面では、『人は一人では生きていけない。助け合って生きていくものであり、自分を傷つければ痛い、だから他人も傷つけてはいけない』。即ち自分を大切にすることと同時に他人を尊重することを教えるべきです。

また、自分の長所は何か、短所は何か、好きなもの、得意なことは何かなどをじっくりと考えさせることです。折に触れ、自分を見つめ、将来についても考えさせることが必要です。

こうした心の成長のためには、体が健康でなければなりません。

歯磨きの重要性、好き嫌いなく食べること、毎日体を動かすとともに、他人と比較して自分の体力を知ることも大事です。

加えて、子どもたちに是非とも身に付けて欲しいことが、「忍耐」と「感謝」です。

人は成長するために多くの環境の変化と試練に出合います。

そのときに忍耐力がなければ立ち向かえません。

学校教育の場で、例えば、少し長い時間の徒歩、中距離のランニング、合宿などの共同生活などを取り入れて、体力と忍耐力を養成するようにしてほしいと望みます。

いつもと違う環境に置かれたときも、自分を見つめ、他人を認めながら、違った環境に順応することができるように育てることが、将来生きていく上で最も必要とされることです。

現代、登校拒否の子どもや転職を繰り返す若者のニュースをよく耳にします。これも、原因はさまざまだとは思いますが、忍耐力の低下も一因となっているのではないでしょうか。


次に「感謝」です。

人は自分だけで生きていくことはできません。まずそのことを教え、両親をはじめとして、周りの人たちに、いつも「生かされている感謝の念」を持つように諭すことです。

そこから、相手への敬意や自分の存在の意味も分かってくるかと思います。話が戻りますが、学習内容と教育方針が、前述のように変わって誰もが満点をとれるようになれば、登校拒否なども大いに減ることでしょう。

今までそのことが全く疎かにされてきたのです。

六・三・三・四制について

現在の六・三・三・四制も見直しが必要だと思いますが、これを全く変えてしまうのは極めて難しいことだと思います。

ただし、小学校と中学校での基本的な教育方針は、どちらも人間形成と実生活に即し、前述のような内容を年齢に応じて指導して、自分をしっかり見つめた上で、自分の進むべき方向性をしっかりと決めさせることです。

より高度な学問教育を受けたい子は高校を目指し、また大学に進めばいいでしょう。

一方で学問が自分に不向きであると考える子は、多様に用意された専門学校に進めばいいでしょう。

九年間で自分をしっかり見つめ、実生活に即した教育を受けてきた経験がそこで生かされるはずです。

もちろん今までに普通科だった高校の何十パーセントかは専門学校に変わる必要があるでしょう。

また、中卒・高卒・大卒の学歴意識は本人からも社会からも制度として一掃しなければなりません。

即ち、人は学歴ではなく、身を置いた環境の下で、努力と能力において平等に評価される、ということです。

人は平等であることは当然ですが、DNAが違い、経済的にも環境的にも個人差があります。行きたくない高校に行かされたり、行っても内容がさっぱり理解できないようでは日本の損失です。

若い人たちの持って生まれた長所を活かし、義務教育において、知恵と想像力を身に付けさせたうえで、適材適所でそれぞれの力を存分に発揮してもらわなくてはなりません。

それはまた彼らにとっても幸せだと信じます。

教師の仕事について

このところ特に小中学校の教師が不足して、全国的に悩みの種になっているようです。多すぎる教育内容、試験問題の作成・採点、課外活動の監督、同学年教師との調整や会議、教育委員会からの指示への対応、父兄との懇談、問題児への対応などなど、私が推測するだけでも頭が痛くなります。

当然勤務時間は長くなり、仕事が嫌になったり、体を壊して辞めていく教師もおられることでしょう。それでは残った教師の勤務時間はいっそう長くなってしまいます。にも拘わらず、いじめは起きるし、父兄は勝手なことを言う。そうした仕事に比して給与はもちろん少ない。そんな仕事はボランティア精神がない限りやってられませんから、なり手がないのは当たり前です。

それを放置している文部科学省、そして政府の責任は重大です。

今後、より人手不足になるという状況の中で、政府関係者による小手先の改革では、とても対応しきれるものではありません。

今では手遅れの感はありますが、教育改革はまさに緊急の課題です。日本の将来を考えるうえで、最大の課題と言っても過言ではないでしょう。

そしてその改革は、少子化や外交問題とは違い、すぐに実施可能な問題です。

さて、教育については前述しましたが、何しろ教師の仕事が多すぎます。第一に教育内容が多すぎるのです。

実生活では、「√《ルート》」も円周率も二次方程式も必要ありません。一生を通じてそれらの知識を必要とされるのは、ほんの一握りの人たちだけです。

小中学校の教育とは、人として心も体も健全で、一人の社会人として、人に迷惑をかけず自立することができる人材を育てることだと考えます。

前述したように、教育内容は実生活に必要な「知恵」を、すべての児童生徒に身に付けさせ、健康な体と健全な精神を育てることです。

教師はそのことを心の底から信じ、実行できる人材でなければなりません。

昭和の時代、「でもしか先生」（ほかに仕事がないから「先生でもやろう」「先生にしかなれない」という動機で教師になった人たちのこと）などという言葉が聞かれた時期がありました。もってのほかです。

教師という人材は、国民の中でトップレベルの知識と能力を有し、人を育てるという崇高な目的を常に持ち続けることのできる人でなければなりません。

そのためには、教師の給与はまさにトップレベルであるべきです。

また、現在の教員試験の在り方も全面的に見直しが必要です。

教師の不足の原因は指導内容が多すぎることと、給与が低いことにほかなりません。

これでは優れた人材が採用できず、教師の質の低下に繋がっていくという悪循環に陥っています。

教師の仕事は、現在の教科を全面的に見直して、社会人として是非とも必要な知恵（知識ではなく）を身に付けさせ、健全な心と健康な体を育てることに注力することこそ、義務教育に携わる教師としての本来の目的であるはずです。

それでこそ、少年少女を育てるという、教師が生きがいを持ってできる仕事になるはずです。

政府は、そんな国の将来を託している教師の重要性を改めて認識し直し、給与を倍増させて、優秀な人材確保をすべきです。

そうしなければ日本の将来は、大卒であっても、視野の狭い、自己中心的な、頭でっかちばかりで、本当に日本の将来を任せられる指導者は少ないという、悲しい現実が待っていることでしょう。

悲しい日本語の軽視

第二次世界大戦が終わってから八十年、私たちは、十分に平穏に暮らしてきました。その間、急速に経済も復興し、先進国と呼ばれるまでになりました。しかし、文明では先進国かもしれませんが、精神についてはどうでしょう。相手を尊重する精神、争いを極力避ける精神、潔い精神など、まだまだあると思いますが、実に大切なものを忘れてしまっていると思っています。

私は、その中で一番顕著なものは「日本語」だと思うのです。

いま、若い人の言葉を耳にするとき、ひらがなよりカタカナ（本来は英語ですが、発音はカタカナという意味）の方が多いと感じます。

それは、話題の中心となる名詞が、ほとんどカタカナだからそう感じるのでしょう。ある事や物を表現するのに、日本語があるのにも拘わらず、カタカナで表現しているのです。

日本語を知っているより、英語（実はカタカナ）を知っている方が「賢い」、あるいは

「かっこいい」、と感じているからでしょうか。

いずれにしても、日本人が日本語を忘れている、あるいは軽視していることは間違いないと思っています。

【マスメディアについて】

今テレビを視ていて（聴いていて）気になることは、私たち高齢者には聴き苦しい言葉が飛び交っていることです。

「むずい」「えぐい」「きもい」。まさに気分が悪くなります。

確かに私たちも若い頃は粋がって、仲間だけに通じる言葉を遣ったりしたものです。

しかしそれは、あくまでも仲間内だけのことであって、両親や教師、それに年上の人たちの前では遣うことはありませんでした。

もちろんテレビやラジオなどのマスメディアでも、決して聴かれることもありませんでした。

ところが、最近特にテレビではそんな言葉をよく耳にします。

私の経験では、最初はタレントや芸人さんが出演者やレポーターとして、そのような言葉を喋っていたのだと思いますが、その人たちが次々にスタジオを占領し、スタジオ内にもどんどん広がっていきました。

今では放送現場でタレントや芸人さんが幅を利かせ、研修も受けて言葉遣いに気を遣うべき社員やアナウンサーを汚染してしまったように感じます。

その背景には、正社員の数を抑えて、派遣社員やタレントや芸人さんに頼るようになってきたテレビ局の実情が、主な原因だと考えられますが、出演者の言動をコントロールできていない局の姿勢が、より大きな問題です。

そして今では社員やアナウンサーまでもが出演者に迎合するかのように、気持ちの悪い言葉を遣っています。


私は過去の仕事柄、メディアに関しては気になることがたくさんあります。

その一つは「正しくない日本語」です。朝皆さんがテレビでニュースを視て（聴いて）いると、必ず交通情報がありますね。

通学や通勤の情報として、その内容を気にしながら聴かれていると思いますが、このように伝えていると思います。

「この地方のＪＲと私鉄の各線は七時三十分現在平常運転されています」と。

これを聴いて安心して出かける方も多いと思います。

しかし私は許せません。このアナウンスには二つの間違いがあるからです。お気づきになりますか。

まず「七時三十分現在」です。

現在はあくまで現在ですが、七時三十分は過去です。ですから「七時三十分の時点で」となります。ちょっと文語的だと言われるなら「七時三十分には」としましょう。

もうひとつは「されています」です。これも過去のことですから「されていました」とするのが適切です。

すなわち「この地方のＪＲと私鉄の各線は七時三十分には平常運転されていました」となります。

つまり現在は判らないという意味でもあります。

もう一つ挙げましょう。番組が終わりに近づくと、「そろそろ放送終了の時間が迫ってまいりました。ではまたあした」とアナウンサーが言います。

これも気に入りません。そもそも時間と時刻は別物です。時間には長さがあり、時刻は瞬間です。

ですから「そろそろ放送終了時刻が迫ってまいりました」というべきです。

どちらも、本来の言葉の意味を意識することなく、その重要性にも全く無頓着な姿勢です。

次は略語や新語です。「断トツ」「終活」「婚活」「民泊」「出禁」「アラフォー」「プレバト」「Nスペ」「朝ドラ」「おはビズ」。もうきりがありません。

どれも高齢者には得体の知れないものばかりです。「断トツ」はときどき「断トツのトップを独走しています」なんて叫んでいます。

「しゅうかつ」はもともと「就職活動」のことだったと思います。それが、死ぬ前にやっておくべきこと、になっているようです。

「婚活」は豚カツの親戚か、まさか狐の肉じゃないでしょう。

「民泊」は民宿とどう違うか紛らわしいし、「出禁」は金魚の種類かと思います。

また、やたらに聞かれるアルファベットの頭文字です。AED・DIY・CEO・SUV・EEZなど。

これらは辞書を引けば理解できるものもありますが、LGBTとかLUUPとか、最近はどうにも調べようもないアルファベットがテレビに次々に、堂々と登場します。

いったい何のことか、誰がつくって、誰が決めたのか全くわかりません。もちろん何の頭文字かも解りません。

そのほか、最近特に気になるのが、アナウンサーの喋るカタカナのアクセントです。何故かほとんど平板になってしまいました。

いったい、誰がいつから始めたのでしょう。実に不可解で不快です。

アナウンサーの机の上には、必ずアクセント辞典（正確な名称ではないかもしれません）というものが置いてあって、それぞれの言葉にアクセントがつけられており、それに従って発音するように指導されたはずです。

その辞典に載っていない言葉もあるとしても、会社として常識的な判断でアクセントをつけて読むべきですが、見事に平板です。

それもすべてのチャンネルがそうなっていることに驚き、呆れ果てています。

テレビ局がどうしてこんないい加減な言葉を放送しているのか、本来の意味も理解せず自慢げに喋る放送関係者が多いのか、実に悲しい現実です。

「親ガチャ」「Z世代」「ピクトグラム」「黙食」「推し活」「サブスク」「SDGs」などなど。

このうちいくつ解りますか。どれもいい加減な言葉を遣わないで、もっと解りやすい日本語にして伝えて欲しいものです。

日本の国はますます高齢化が進んでいます。多くのお年寄りにも解る言葉を工夫してください。

この中で特に気になるのが「推し」です。意味はタレントやスポーツ選手など、自分が好きになった対象を応援するというものです。

ちょうど二〇二一年に開催された東京オリンピックを控えた時期だったのですが、NHKのワイドニュースを視ていたら、「あなたの推しの選手は?」とアナウンサーが喋ったので私はドキッとしました。

「おし」とは喋ることができない人をさす「放送禁止用語」だったはずです。場合も場合、同時にパラリンピックも開催される時期ですから大いに驚きました。

今では「放送禁止用語」ではないのでしょうか。短い期間で言葉はここまで変わってしまうのでしょうか。

それが美しく変われば気になりませんが、しかもどの言葉も決して美しいとはいえません。

そうした略語や新語を遣うことで何のメリットがあるでしょう。日本語を美しくないものにしているだけだと思います。

特にマスメディアは、正しい日本語を遣うことが求められます。

出演者が相応しくない言葉を遣ったときには、それとなく注意を促す配慮が必要です。

そういう言葉を頻繁に遣う人には出演を依頼しないように願います。

今のように、番組がタレントや芸人さんにどっぷりと依存していることを改める必要もあります。

言葉の乱れの最大の要因は、日本語の大切さを全く意識していないからです。

日本人が日本人であることを意識しなくなっていることです。それは実に重大で白々しき事態です。

いずれにせよ、マスメディアだけは、正しい日本語で、若者たちの流行り言葉に媚びることなく、むしろ注意喚起し、啓発する姿勢を持ち、高齢者にも解りやすい言葉で伝え、毅然として正しく美しい日本語を守り育てて欲しいものです。

【日本語と文化について】

日本の文化というと皆さんは何を思い浮かべますか。

茶道、華道、日本舞踊、歌舞伎、能、狂言、落語、盆栽などなど。まだまだあるでしょう。

しかし一番大切なものをお忘れではありませんか。それは日本語です。

日本語は、もともと中国大陸から渡ってきた言語が、日本古来の言葉と混ざりながら独自の歴史を経てきました。

それは日本の国土が島国であることで、ほかの国とは全く異なった言語として育ちました。

漢字、ひらがな、カタカナという三つの字体を持つ、世界でもまれな言語です。

また漢字はそれぞれに意味を持つという貴重な言語でもあります。

それを日本文化の一番に挙げないなんてとんでもないことです。

すべての文化は日本語で成り立っているわけですから、多くの人が美しい日本語を遣い、正しい日本語を次の世代に伝えていくことを心から願います。

今巻では、若者たちが「ウッソー」「マジィ」「ヤバイ」「カーワイーイ」などと叫んでいます。

それ以外の表現はほとんど耳にしません。

突然ですが、私たちが小学生だった頃、服装検査や持ち物検査がありました。

もちろん検査といっても何か懲罰があるわけではありませんが、学校の決まりに合っていないと注意されました。

その頃は、何でそんなことをするのか考えもしなかったのですが、大人になって考えてみると、そこにはある程度の意味があったのだな、と感じます。

忘れ物をしたり、服装の乱れは心の乱れであるからです。

人は心の乱れが何らかの形で現れるものです。若者たちがそうした言葉遣いをするのは心が健全ではないことの証だと思います。

子どもたちには幼い頃から、正しい日本語、美しい日本語、そしてその歴史や大切さをしっかりと理解させる必要があります。

文部科学省は、そのことを十分意識した指導を行い、マスメディアは国民の手本となるべく正しい日本語で伝え、我々先輩たちもそういう意識を持って言動に留意しなければなりません。


【奥の深い日本語】


この書を読んでおられて気がつかれたでしょうか。例えば、「みる」という言葉を表現するとき、この書の中でも使い分けていますが、「景色を見る」「テレビを視る」「絵画を観る」「患者を診る」というように、意味合いによって使い分けています。

「つかう」という場合も、「言葉遣い」「気遣い」というときは「遣う」となります。

言葉は気持ちを込めて使わなければなりません。二つの「つかう」は、今では通常明確に区別されていませんが、漢字はそれぞれに意味を持っています。

そのこと自体、世界的に見ても貴重な特徴ですが、源流の中国でもその意味は薄まり、軽視されているようです。

ほかにも例を挙げてみましょう。

今では人の話をきくときに、「聞く」という字を平気で使っています。

しかし「聞く」は本来「鳥の鳴き声が聞こえる」というように、意識せずに耳に入ってくる、という意味です。

人の話や講義をきくのに「聞く」というのでは相手に対してまことに失礼です。ただ耳に入っているだけということになるからです。

そういう場合は「聴く」としなければ相応しくありません。

人に尋ねるときにも「聞く」という字をマスメディアでも平気で使っていますが、まことに悲しいことです。この場合は「訊く」としなければなりません。

美しい女性を見て、その美しさをほかの人に伝えるとき、何と言いますか?

まさか「カーワイーイ」なんて言うんじゃないでしょうね。

「可愛らしい」は幼さが残っていること。「色っぽい」はセクシーなこと。「麗しい」は上品なこと。「初々しい」は清楚なこと。

ほかにもいろいろな表現が日本語にはありますが、そうした幅広い表現が可能な日本語の良さを再評価して、正しく美しい日本語を遣っていきたいものです。

ところで、今人気の将棋の藤井聡太棋士が、インタビューで、ときどきとても難しい言葉を遣うことがあります。

それはやはり、極めて語彙の豊富な藤井棋士が、微妙な状態や心理などを表現するのに、最も適切な言葉を選んで遣っているのだと思います。

その語彙の多さと記憶力・瞬発力には敬服させられます。

凡人には無理なことですが、日頃から多様で美しい日本語を意識して言葉を発したいものです。

ほかの章でも述べましたが、小中学校の教育には、是非とも多様で奥の深い日本語の正しい遣い方を、最も重要な教科として、しっかりと教えてもらいたいものです。

章の最後に重ねて言いますが、日本は戦後八十年、外国からの侵略もなく、それなりの発展を遂げて、先進国だと言われ、ぬるま湯につかり続けてきたために、世界に誇れる豊かな歴史と文化に彩られた国であるにも拘らず、その有難さを忘れ、日本語の奥深さや重要性を軽視してきました。

そのことが言葉だけでなく、多くの国民の精神をむしばんでいるとも考えられます。

いまこそ、国を挙げて日本語を、そして日本国というものをしっかりと意識し、もう一度その素晴らしさを噛みしめて、自慢しようではありませんか。

子どもの名前について

日本語の軽視に関して、最近の子どもたちの名前がとても気になるのです。

「キラキラネーム」というそうですが、極端なものを挙げてみますと、「宇宙」で「そら」、「空」で「すかい」、「七音」で「どれみ」、「聖夜」で「いぶ」、「月姫」で「なな」、「核」で「あとむ」、「春愛人」で「はあと」などなど。

どれも一度聴いてもまた訊き直すことになりそうなものばかりです。

最近は核家族化が進んで、お爺ちゃん、お婆ちゃんが家にいないことが多いのですが、もし、三世代家族であれば、お爺ちゃんお婆ちゃんがそんな名前を付けることに多分反対したでしょう。

キラキラネームの新一年生が入学してきて、担任の先生が、特に国語の先生だったら、その名前を呼ぶときにはきっと複雑な気持ちになるのではないでしょうか。

どんな漢和辞典を見ても、そんな読み方はないからです。

全く個人的な見解ですが（この書全体がまことに個人的です）、少なくとも小中学校ではすべての児童の名前に必ず振り仮名を振ってもらうようにしましょう。

もう一つ厳しい注文を付けますが、新生児の名前を受け付ける市町村の窓口で、国内で一番詳しく解説している漢和辞典に載っていない読み方については、漢字登録と同時に通称として仮名登録をすることにしてはいかがでしょう。

人の名前はとても大事です。目立つことよりほかの人から親しみやすく、覚えてもらいやすい名前である方が、本人のためには幸せなのではないでしょうか。

あまりにも奇抜な名前ゆえに、いじめに遭ったり、特別視されたりしないとも限りません。

子どもたちの名前を見たときに、両親の愛情と期待が素直に感じ取れるような名前に出合うと、ほっと嬉しくなるのは私だけでしょうか。

誰もがそうあって欲しいと心から願う今日この頃です。

新たな街づくりへの提言

皆さんはＮＨＫのＢＳチャンネルで放送されている「世界ふれあい街歩き」という番組をご覧になったことがありますか。

この番組で目にするヨーロッパの街のほとんどが、真ん中に大きな広場があり、周りの建物の軒先にはテーブルと椅子があって、人々がのんびりと珈琲や紅茶を楽しむ光景が見られます。

そこには全く車の姿はありません。私の想像で申し訳ないのですが、そこは原則的に自動車の乗り入れは禁止されていて、それぞれの店では必要な物資を自動車ではない手段で運び入れているか、車であっても夜間の限られた時間帯に運び入れているのだと推測しています。

それから、街の道路は自転車の専用レーンが整備されていて、多くの学生やサラリーマン・ウーマンが通学や通勤に自転車を使っています。

また路面電車が多くの街で見かけられます。

こうした光景を見るたび、私はそのゆっくりとした時間の流れが実に羨ましいと感じるのです。

日本も自動車中心から一日も早く脱却しなければならないことを実感します。

このことは「二酸化炭素削減」という、現代最大の地球的課題にも関わります。日本はCO_2問題に関して大いに後れを取っています。

もちろん政府の怠慢は言うまでもありませんが、戦後特に自動車産業が日本経済に大きく貢献したことが、その要因であるかと思います。

将来水素自動車が普及するとしても、水素を製造するのに必要な電気を、すべてクリーンなエネルギーで賄うことは極めて難しいと考えます。いずれにしても脱自動車は緊急の課題です。

話題を街づくりに戻しますと、人が多く集まる都市には、是非憩いの場所が必要です。日本では都市計画にそうした発想がありませんでした。

ですからその代案として、中心的な大通りを自動車通行禁止とするのです。

そこで生まれるスペースは、自転車の専用レーンであったり、歩道を広げて小さなお店を並べたりしてもいいでしょう。

いずれにしてもその場所に人々が集い、散策し、憩い、ゆったりとした時間を過ごす、そうした空間が必要だと思います。

それから、大都市ではすべての二車線以上の道路のうち、一路線を路面電車またはバスの専用レーンとし、街の隅々まで網羅するように走らせます。

路面電車については、後で詳しく述べたいと思います。

さて、自転車についてですが、もし安全と安心が確保されるなら、五キロ程度の距離は、自動車をやめて自転車での移動を推奨しましょう。

先ほども述べましたが、大通りには自転車専用レーンをつくり、裏通りも二本に一本は自転車専用道路にしましょう。

CO_2削減にも大いに貢献することでしょう。

ただし、現在の自転車利用者の交通マナーではいけません。歩道や横断歩道を我物顔で通行したり、道路の右側や中央に近い場所を走ったり、傘を差しながら乗ったり、こんな状況では困ります。

自転車の構造やルールについても後で詳しく述べたいと思います。

いずれにしても、現状のよくないマナーも、インフラが整備されていないことが大きな原因となっていることは事実です。

また歩行者にも問題はあります。横断歩道でない場所での横断、斜め横断、左側通行などがいたるところで見られます。

一人ひとりが、自転車でも歩行者でも、交通ルールをきちんと守る必要があります。それについては、教育の章でも述べましたが、義務教育ですべての児童生徒に交通ルールを身に付けさせるよう、しっかりと指導しなければなりません。

そして現在の歩道は、狭いうえに電柱があってまっすぐ歩けないような状態ですが、もっと歩きやすい広い歩道に整備することが前提となります。

もうひとつ、交通ルールを定着させるには、いわゆるお巡りさんが、街のあちらこちらで、ルールを守らない人に声をかけ、指導することが大事です。もちろん悪質な場合は検挙することも必要です。

このように、普段からお巡りさんが街ゆく人たちに声を掛ける光景が見られるようになれば、空き巣や痴漢などの事件や交通事故も減らすことができるでしょう。

ヨーロッパの街の様子に話が戻りますが、道路とほとんど境がなく路面電車が走っています。停留所もさほど安全対策などというものも目につきません。

そんな状況であるにも拘らず、たぶん事故もほとんど起きていないと思われます。

もし今、日本でそのような状況にしたら、電車が頻繁に急ブレーキをかけなければならなかったり、自動車や歩行者が邪魔をして電車が動けなくなったりすることでしょう。事故も起こるに違いありません。

それがヨーロッパの街では起こらないとしたら、小さいときから、交通ルールを守ることや、自分と周りの人を守ることの大切さを身に付けているからだと思います。

いまの日本の都市の新しい街づくりには、多くの問題に対応する必要がありますが、一つひとつ解決していく地道な努力が求められます。

路面電車について

「路面電車」という言葉は、街の中を車と並んで走る電車という意味ですけれど、個人的には「市電」という呼び方が親しみやすい言葉です。

全国的には都電や府電もあるでしょうし、富山では地鉄と呼ばれているようですが、あえてここでは、市電と呼ばせていただきます。

この市電は、若い人たちには死語に感じられるかもしれませんが、高齢者にとっては「ちりんちりん」と鳴らしながら街中をゆっくり走る姿を懐かしく思い出す存在です。

いわゆる市電は、今でもいくつかの街で運用されていますが、自動車優先の発想や、地下鉄の開通によって廃線になった街も多くあります。

私の住む街に近い、名古屋の街からも市電はなくなりました。

道路のレールと空中の架線がなくなって、すっきりしたとか、地下鉄という新たな移動手段が、いかにも革新的で文化的だと、市民も自治体も考えたことでしょう。

しかしながら、近年識者や文化人から、市電について、「独自の価値があり、捨てがたい存在である」という意見が聞かれるようになりました。

地球温暖化の危機が表面化し、自動車重視の考え方にブレーキがかけられるのは当然の成り行きですが、それだけではなく、「より速く、自由に、便利に」という発想ではなく、「ゆっくり、心豊かに」という思いがあるのだと思います。

特にヨーロッパの古い街には路面電車が多く残されています。

開設された時期に比べればいろいろな点で改良されているとは思いますが、永年かけがえのない市民の足として、立派に役目を果たし、地球温暖化を先読みしていたかのように立派に走り続けています。

市電に乗り、車窓の日差しや空気感、並ぶ店頭の飾りつけ、歩く人々の表情やファッション。そして何より隣りあった人とのふれあい。

速すぎる文明の危うさの中で、そうしたものを求める思いが、私たちの心の奥に芽生えているのではないでしょうか。

いや、既に都心から静かな場所に移住して「スローライフ」という暮らし方を楽しんでいる人たちも数多く見られます。


そうした世の中の期待に応えるべく、今から再び市電を走らせて欲しいと願うのですが、先程申しましたように、市電には架線がつきものです。

ヨーロッパの街では、両側の建物の外壁をお借りして、そこに引っ掛けを設置してもらい、架線を吊るしているケースをときどき見かけます。しかし日本ではとても無理な話でしょう。

ではどうするか。しかし今は自動車も電池で走る時代です。市電もすべて電池で走らせれば架線は必要ありません。レールだけあればいいのです。

そこで私は提案します。

道路は変える必要がありませんが、市電が走る道路は自動車乗り入れ禁止とします。ただし、緊急車両は別でしょう。

道路の一番外側は歩道です。その理由は、歩きながらウィンドウショッピングができ、気に入った店があればすぐに入れるという理由です。

何故そんな分かり切ったことを言うかというと、道路の使い方を根本から考え直そうとしているからです。歩道は当たり前に路側にあるのではなく、安全性や上記の理由でそうなっているのです。

その内側に、レールと自転車専用レーンを配置します。自転車専用レーンは上下二本、それぞれ一方通行で、ゴム製など、ぶつかっても安全な小さな固定式ポールコーンで分離します。

さて、レールについてですが、全くの素人考えで申し訳ありませんが、停留所だけは、上下単一線にすることを提案します。

どちらかの線は直線で、逆方向はその線に合流する形で停車させるのです。

ただし、この方法では、停留所から発車して、元のレールに戻ろうとするときに、どうしてもレールの切り替えが必要になるようです。

これを電子的に自動制御できれば、人の手を借りることなく、レール二本分の幅が生まれます。

そのスペースこそが、乗降客のための場所となるのです。

そして、市電は左右両側から乗降できるようにすることで、歩道の膨らんだスペースから直接、安全に乗り降りできます。

市電と歩道の理想形

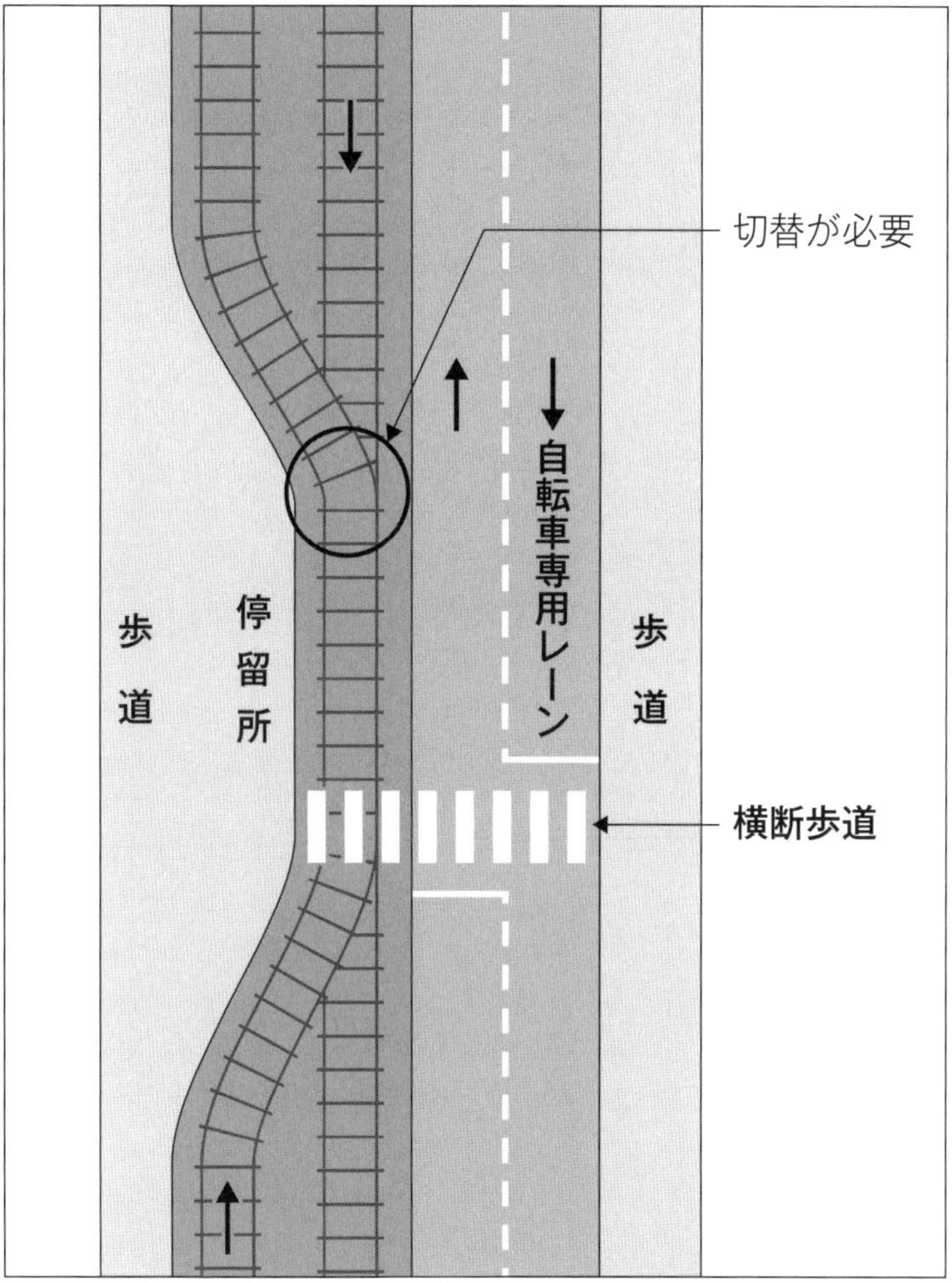

実に安全で便利です。停留所を少し長めに設定し、上りと下りの停車位置、即ち乗車位置をずらしておけば、乗降客が混乱することも防げます。

上下の電車の優先権は、自動制御で、一方を待機させるくらいは、いまの技術なら朝飯前でしょう。

数年先かもしれませんが、自動運転の無人電車にすることも容易です。

それほど広くない道路の場合は、自転車専用レーンははずしましょう。

市電の交通網は都心部に集中することなく、周辺部にも広げるべきです。それが交通網という本来の意味ですから。

周りを山手線のように外回りと内回りに走らせ、次にその中を街の状況に応じて有効に埋めていく、そんな方法もよいかと思います。

すべての市民にできるだけ公平に、利用しやすいよう敷設すべきです。使用者が多く見込める場所だけ、という発想は公平ではありません。

過疎地にこそ公共交通手段は必要なのです。

経営もいわゆる第三セクター方式、あるいは市民参加型経営もよい方法です。

利用料は少し高くなるかもしれませんが、市民の理解を得ながら、市民の足として健全経営に努力していかなければなりません。

これからも、「ちりんちりん」とは聞こえないかもしれませんが、日本のあちこちの街に、「市電」が走って欲しいと切に願っています。

自転車について

近年自転車が関わる事故が後を絶ちません。交通事故の中で自転車が関わる事故の割合はおよそ二十パーセントを占めていて、年々増加傾向にあります。

私は大都市の郊外に住んでいますが、その生活の中で自転車は欠かせません。車で行くには近いけれど、歩いていくにはちょっと遠い場所や、駐車スペースがないとか、途中の道路が狭いとか。そんなときには自転車がとても便利なのです。

しかし道路は歩道も完備していませんし、対向車とすれ違うのがやっとの幅で、自転車が安全に通行できるスペースはありません。

もちろん、自転車専用レーンなど大都市のほんの一部にしかありません。

皆さんは自転車が車両だということはご存知ですね。

ですから、自転車は道路の左側の路側近くを通行しなければなりません。

歩道があっても一般的には通行できません。信号のある交差点ではもちろん信号に従い、右折するときはまず直進して道路を渡ってから一旦停止し、右側の信号が青になってから進むように決められています。

信号のない交差点での右左折は、曲がる方の手を水平に伸ばして後ろの車に知らせるように指導されました。

しかし、自動車で走っていると、それをきちんと守っている自転車はほとんど見受けられません。

自動車のドライバーは、自転車を見たら怖いものでも見るようにスピードダウンし、少しでも離れてやり過ごしたい、と考えます。

それほど現実の自転車の運転は危なっかしく、信用できないものなのです。

その原因は三つあると思います。

ひとつは免許制度です。自転車の運転には年齢制限も運転能力の制限もありません。いったいどんな人が乗っているのか全く分からないのです。認知症の人だったりするかもしれません。

もし、自転車が、止まっている自動車にぶつかったらどうなるでしょう。自動車同士なら自賠責保険がありますし、任意保険も多くの人が入っています。補償能力もある程度はあるでしょう。

しかし、自転車の場合それがほとんど期待できないのです。当てられ損の可能性があるのです。これでは、まさに嫌われ者でしかありません。

この問題の解決には、やはり免許制度が必要です。

年齢制限は原則として十二歳以上、八十歳以下。運転者には自転車賠償責任保険に入ってもらいます。

未成年者の場合は保護者が補償します。交通ルールの講習と実際の運転講習も必須です。

自転車も車両なのですから、自動車と同様に、運転者が一定の運転能力と補償能力を持っていることが求められるはずです。

違反者には相当の罰則があって当然です。

そのことが事故の防止と、より円滑な交通環境の確保に必須だと私は考えます。

二つ目の課題は自転車の構造です。即ち、自転車は前後一輪ずつですから、乗り始めと止まるための減速時にふらつきが起きます。

また、止まるときには必ず足をつく必要があり、乗り始めるときには「よいしょ」と力を入れてこがなければなりません。

このことが自転車の致命的な欠点であり、「なるべく止まらないようにしたい」という運転の仕方が事故に繋がっているのです。

そこで私は提案します。即ち停車したときも足をつかなくてもいい構造にすればいいのです。

それは前後どちらかを二輪にするのです。私は前を二輪にすることを提案します。

その理由は、車幅が運転中に目に見えることです。狭い場所でも前の二輪が通れたら必ず通行が可能だと考えられます。

曲がり角で内輪差があったとしても、後ろが一輪ならまず通れます。

もし後輪を二輪にすると、前が通れても後ろは幅が広いため障害物に引っ掛かってしまうかもしれません。それが事故に繋がることもあるでしょう。

生活の中で使われる自転車は、すべてこの構造にすることを提案します。

運転も安定し、ふらつき運転も大幅に軽減することが見込めます。

ただし、現状の二輪自転車を否定するものではありません。職業上二輪の自転車に乗ることが必要と認められた人には許されていいと思います。

三つ目は道路行政の問題です。

大都市では一部で自転車専用レーンが設けられていますが、それはほんの一部でしかなく、実際に目的地まで専用レーンで安全に通行することはほぼ不可能です。

いわんや中小都市や郊外では、そんなレーンは夢のまた夢です。

片側一車線で、トラックが車幅いっぱいで走っている状況では、自転車の通行は危険極まりなく、実際そんな道路では自転車もほとんど見かけません。

だからと言って、すべての道路を拡幅するなどということは不可能です。

そこで私は提言します。すべての六メートル道路を一方通行とし、空いた一車線を自転車専用レーンとします。

行政が本気になって取り組んだとしても、この一方通行方式を円滑に実施するには、かなり困難な作業が必要だと思います。しかし今の状況を改善するには、何らかの抜本的な改革が必要なのです。

国鉄の解体は失敗

日本に新幹線が初めて走ったのは一九六四年、まだ国鉄の時代です。前の東京オリンピックが開催されるのに合わせて計画され、東京—新大阪間で開業して、それからすでに六十年余りが過ぎました。

もはや新幹線は生まれたときから走っている、という人が多数となりました。

その後一九八七年、国鉄は民営化されJRとして、地域ごとにそれぞれの旅客鉄道会社に分けられました。

その決着には賛否両論、多くの議論が国会だけでなく、国民の間でも交わされました。まさに「民営化の嵐」が吹いた時期でした。しかし各社を競わせる、という論理は、公平な土俵でこそ通用することであり、全く違う限定された地域での戦いの勝敗は初めから見えていました。

当然のようにJR各社に格差が生まれました。

東海道（地域をイメージして）を受け持つ三社とその他、特に北海道とでは収益に大きな差が出ます。人口の偏在が確実に進む状況では、その格差は広がる一方です。

そして現実に廃線の憂き目を見る人たちが多く生まれました。

その後、地方にも新幹線が建設されましたが、あくまで観光客を前提としたもので、仕事で頻繁に利用される東京―新大阪間とは全く違った戦いを強いられています。


私は国鉄の解体は失敗だったと考えています。

国鉄時代はいわゆるドル箱路線の収益が赤字路線をカバーしていました。それで何とか全国的に収支バランスが採れていたのです。

しかし、地方の路線の採算はどう頑張っても限界があります。だからと言って住民の足を廃線にすることは許されません。

過疎化とともに進む高齢化。お年寄りは危ないからと車の免許を取り上げられ、かといって自転車はもっと危ないのです。

そんなお年寄りばかりの地域の、たったひとつの公共交通手段の鉄道を廃線にすることは、その地域に住む人たちに「ほかの場所に引っ越すか、家の中でじっとしていなさい」と言うことと同じです。買い物に行くことさえままなりません。

こうした過疎地域こそ、公共交通手段を確保しなければなりません。

都市では自由経済の自然の動きとして、民間の鉄道会社が地域に鉄道網とバス路線を広げています。

しかし過疎地には民間鉄道は決して生まれません。過疎地こそ「国鉄」が必要なのです。ドル箱路線と赤字路線が両方あってこそ採算が取れるのです。

今の状況では、過疎地の鉄道を守るためには、政府が税金を投入する、つまり国民全体が「鉄道税」を負担するしかないでしょう。

都会に住む人たちだけが、良質なインフラを享受している状況は明らかに不公平です。なお一層地方を過疎化させ、大切な国土の損失を招きます。

地方は、その土地その土地ごとに個性的な財産を持っています。その貴重な財産をもっと豊かに育てていかなければ日本の未来はありません。

ですから、すべての自治体に「国鉄」の駅を設け、その先はすべての集落に小型の「国鉄バス」を走らせましょう。

田舎での生活が快適になることで、自然に住民も戻ってきます。移住しようと考える人たちも増え、地域格差を減らすことにも繋がります。

そのための財源を確保するため、すべての国民が明確な形で多少の「鉄道税」を負担すべきではないでしょうか。

テレビ局の変貌に喝！

テレビ局に身を置いていた私にとって、今もテレビは生活に欠かせない存在です。しかしながら、最近のテレビ番組の内容は実に嘆かわしい限りです。

ほかの章でも述べましたが、どっぷりと外注に頼り、そのことから生じる軽薄な言動、それらを監督・指導する能力も誠実さもなく、もはや怒りさえ覚えます。

特にＮＨＫの放送については、公共放送として受信料を徴収しているうえに、国の予算まで貰っているわけですから、報道はどの局よりも早く詳細で正確でなければなりませんし、制作番組については手間がかかっても、国民の誰にでも受け入れられる真面目な内容であるべきです。

それにも拘らず、スタジオでは視聴者そっちのけで、出演者の仲間内だけにしか判らないような冗談に高笑いし、やたらカタカナやイニシャル、略語を繰り返して、視ている高齢者にはまるで別世界の話、ちんぷんかんぷんです。

そんな光景が最近特に多く見られるようになりました。

朝八時十五分から放送している「あさイチ」は、週日放送されていてときどき目と耳にしますが、そのスタジオでの会話は、とても公共放送とは思えません。

芸能人の特に親しい間柄でしか通じない私的な内容に一層盛り上がる、という雰囲気です。

また、そこで語られる言葉は、高齢者には耳慣れない単語が次々に登場し、その説明もされないままで話は進められていきます。そこには全く視聴者の存在はありません。

ほかにも問題だと思う番組がありますが、特に高視聴率を稼いでいる「チコちゃんに叱られる!」の内容は重大です。

この番組は、普段の生活の中で見過ごしているような問題を捉えて、それにまつわる疑問を三人のタレントにぶつけるというもので、問題を出すのが「チコちゃん」と呼ばれる人間大の人形です。

ところが、その解答というのが、実に想像もつかないもので、自分の出した答えと全く違う解答にびっくりしたタレントに、チコちゃんが「ボーッと生きてんじゃねぇよ!」と罵声を浴びせるというものです。

さて、その解答ですが、どう冷静に考えても納得できる内容ではありません。

例えば、「なんでクシャミをする時に目をつぶるの？」というチコちゃんの質問に、ゲストがあれこれとまともな答えを出すと、「ボーッと生きてんじゃねぇよ！」と叱りつけます。

そして、「目玉が飛び出るかもしれないから」と断じます。

また、「なんでバレーボールは六人なのに、ビーチバレーは二人なの？」と質問すると、ゲストは頭を抱えてしまいますが、やはりチコちゃんはいつものように叱りつけ、「八人が遅刻したから」と堂々と披露します。

このように、常にチコちゃんの解答は、ありえそうもない、また、たとえそうした説があったとしても、いかにも奇をてらった重箱の隅をつついたような答えであるにも拘らず、それがすべてであると断じ、そんな答えを考え付くはずもないゲストに極めて非礼な暴言を浴びせるという行為は、とても許されるものではありません。

そこで質問される問題は、多面的に捉えるべき内容で、学者の間でも意見が分かれていたり、明快な解答が出ていないものが多くあり、特に公共放送であるＮＨＫであれば、いろいろな考え方や意見を紹介したうえで、視聴者に考えてもらう、というのが本来の放送局のあるべき姿だと考えるのです。

であるにも拘らず、奇をてらった一面的な解答を、それがすべてだとばかりに押し付け、そのうえに答えられなかった出演者を罵倒するという、まことに視るに、聴くに耐えない内容なのです。

その罵声をもし実際の人間にかけられたとしたら、きっと多くのクレームがその人物に対して浴びせられるでしょう。また、タレントに面と向かってそんなことが言える人はいないでしょう。

そのことを想定して、人形に言わせることで回避しようという意図が見え見えです。視聴者はたぶん苦笑いで済ましているかもしれません。また、視聴者の中で、その罵声が「小気味いい」とか「スカッとする」なんて言う人がいるとしたら、それは大きな勘違いです。

NHKの番組には、「COOL JAPAN ～発掘！ かっこいいニッポン～」とか「プロフェッショナル 仕事の流儀」や「世界ふれあい街歩き」などのドキュメンタリーをはじめ、優れた番組も多くあるのです。

公共放送という国民に託された報道の誠実さと、啓発活動の一番手近な担い手として、胸を張って堂々とした番組作りを目指していただきたいと熱望いたします。

さて、NHKのあら捜しをしているわけではありません。民放にもいろいろ言いたいことはあります。

　コマーシャル量が最近やたらに増えています。そのことは後で詳しく述べたいと思いますが、今のテレビ業界は本来のマスコミとしての基本精神から大きく外れてしまいました。それは国のマスコミ行政が極めて緩いことによるためと言えますが、それだけではなく、いわゆる自浄作用が全く欠けているのです。

　テレビ局の最も重要な使命は、迅速かつ正確、公平な報道です。それを行うために国から保証された知る権利と伝える権利があるのです。

　テレビ局の創設から少なくとも昭和の時代には、どんな現場にもテレビ局の社員が出向き、現場の状況を詳しく見て廻り、警察関係者から情報を訊き出したりして取材したものです。

　しかし現在はどうでしょう。事件事故の現場にいるテレビスタッフは、腕に各社の報道腕章を巻いているものの、ほとんどが外注の派遣社員です。

　その人たちすべてとは言いませんが、愛社精神は希薄で、報道とは何か、などということも意識せず、事柄の表面《おもてづら》だけを掻き集めているだけなのです。

　その事柄がどんな意味を持ち、社会とどう関わっているかなど、掘り下げた事実などは決して伝えられません。

本社の記者は社内で警察からの事件事故報告を電話取材し、原稿にしてそれで「チョン」です。

番組制作はどうでしょう。実はこちらも同様です。本社スタッフは企画会議には当然出席しますが、監督以外の取材やロケスタッフはほとんど外注です。

スタジオ番組も、ディレクターを含め、カメラマン、照明、アシスタントなどほとんど派遣社員です。

そして今日では、外注することが恒常化して、ついに番組企画まで外注の時代になっています。責任者は社員だとしても、番組すべてを外注の制作会社に任せるようにさえなっています。

そんな状況の中で発生したのがジャニーズ事務所の事件でした。

今回の事件発生を機に、外注については、優秀で誠実な会社を選定し、有能で適切なタレントの選定を必ず行うべきです。

今までは歌もダンスもまともにできないタレントや、異様な恰好、意味のない嬌声、グロテスクな裸姿、そんな芸人がまかり通ってきましたが、そんな人たちの出演はきっぱりと断るという確固たる姿勢を取り戻していただきたいと痛感するのです。

番組内容はといいますと、それぞれの局がもっと個性的な番組作りをすべきだと言いたいのです。

地上デジタル放送はどの局を視ても同じような内容ばかりで、ＢＳ放送の方が多少は番組に魅力を感じます。

この章の前半でも述べましたが、民放の外注依存は大問題です。ジャニーズ事件で表面化しましたが、まだまだ十分に対応されているとは思えません。

関西の大手「お笑い系プロダクション」にもどっぷりと依存しています。もしこちらでも不祥事が発覚したら、テレビ局から半分以上の番組が姿を消すことでしょう。

今からでも遅くはありません。民放も本来の矜持を取り戻してください。

外注依存をやめ、正社員による毅然とした業務に戻してください。

それでこそ、国から放送局として認可を受けた特別な企業であることの証であるはずです。

テレビコマーシャルについて

テレビのコマーシャルは、以前「タイムＣＭ」と「スポットＣＭ」に明確に区別されていました。

タイムCMとは、番組提供のことで、テレビ創世期には、ほとんどの番組は一企業が番組を買い取る形、いわゆる一社提供形態として、提供企業だけがCMを放送するものでした。

例えば、プロレス中継は三菱電機。「鉄腕アトム」は明治製菓。「鉄人28号」はグリコ。「てなもんや三度笠」は前田製菓、などなどです。

戦後の経済成長期とテレビの普及は同時進行し、当時の人気番組は視聴率が三十パーセント以上は当たり前、一時的には四十パーセントを超える番組も存在しました。

そして一社提供企業と番組との結びつきは切っても切れない関係でした。

「鉄人28号」のテーマソングは「グリコ」の三連発で締めくくられていましたし、「ナショナルキッド」という番組はもちろん松下電器が提供し、企業名がタイトルそのものでした。

しかしながら、この一社提供は、広告料の高騰や企業競争の激化などに伴い、徐々に二社三社による「共同提供」に移っていき、提供番組の色彩は薄まっていきました。

一方、スポットCMとは、番組に関係なく、ある時間帯に放送することを保証するもので、番組の前後と途中で一分あるいは二分のCM時間の中で、ほかの企業と隣り合わせで放送されるものです。

当然のことですが、タイムCMとスポットCMとの広告料は同じ三十秒でもタイムCMの方がかなり高額です。

現在のテレビCMは、多くがスポットCMになっています。

話がCMの細かい話になりましたが、最近このCMに対して大いに不満があるのです。

まずはその量です。

CMには番組の長さに対して妥当な量があるはずです。

例えば三十分番組なら、CM量はせいぜい四分半前後、すなわち十五パーセント程度が適正だと考えます。

ところがそれが現在では守られていません。どうみても五分以上あることがほとんどです。

またその状況がますます増加しています。あちらがやっているならこちらも増やしても大丈夫だ、と言わんばかりです。

それからCMのタイミングです。以前はドラマでいえば、一段落したところでCMが入りました。

ところが現在は、一番大事な、視聴者が視たい場面の寸前でCMが突然入ります。その現象がニュース番組にさえ感染し始めました。

ひどいケースでは、興味を引く見出しだけ伝えてCMに、それも三分間も。やっと視れるかと思ったら、また一言伝えただけでもう一度CM。こんな調子では、腹が立ってほかのチャンネルに切り替えたくなります。

どうしてそんなにCM企業に尻尾を振らなきゃいけないのか。番組内容の質的低下を棚に上げて、今のテレビ局はSNSの普及で特に若い人たちのテレビ離れが進んでいるにも拘らず、こうした体たらくでは自滅するしかありません。


もう一つCMの内容についてですが、例えば「九十五パーセント以上の方に効果がありました」とか、「一〇〇〇種以上の中から選び抜かれた素材を使っています」など、どう見ても眉唾なコメントをしばしば耳にします。そのような検証は誰が行っているのでしょう。

このような問題に対しては、公正取引委員会という公的組織が対応してくれるはずですが、あまりに時間と労力のかかる審査作業のためか、実効を期待できないのが現実です。

一方、皆さんは「日本広告審査機構・JARO」という組織をご存知ですか。メディアに登場する広告の内容が大げさでないか、合理的か、法律に触れるようなものでないか、そしてその量が適正かどうか、などを審査する組織なのですが、こちらもまた残念ながら強制力はなく、実効性も多くは期待できないようです。

テレビコマーシャルについては、今一度視聴者目線で、国民に一番親しまれているメディアとしての原点に立ち返るとともに、現代に相応しいルール作りをしてもらいたいものです。

「まいった」の精神の先進性

このところ、将棋の藤井聡太棋士の登場で、将棋人気がまさにうなぎのぼりです。

私は個人的にも将棋は好きなので、毎週Ｅテレ放送の将棋番組を視聴しています。

しかしながら、その将棋人気の様相が気に入らないのです。

それは藤井棋士を芸能人同様に「キャーキャー」と騒がしい声をあげながら追いかけたり、タイトル戦でのランチのメニューや、おやつの種類をやたらに知りたがったり、まったく将棋の本道とはかけ離れ、将棋のルールも歴史も奥深さも知らずに、単に流行に飛びつく軽薄なファンが増えていることです。

それに火をつけるように、テレビ番組でも、そんな騒ぎの様子を喜ばしいニュースとして放送し、ついでにランチのメニュー内容まで伝えるという迎合ぶりです。

テレビで気になるのはもう一つ、Ｅテレで放送されている将棋番組の内容が年々変化していることです。

司会者の人選と内容が次々に代わって、芸能化しているのです。

その司会者のペアが「ワイワイ、キャーキャー」と騒ぎ、「むずい」「やばい」。そしてついには具体的な棋士を評して「えぐい」とまで言っているのです。

「えぐい」とは、何かを食べたときにのどに苦さや違和感を覚えたときに遣う言葉です。そう指摘された棋士が特にある程度の年齢に達していたとしたら、苦笑いするしかないでしょう。

その上に、「みる将」「する将」などという軽薄な言葉まで作って、得意になっている様子は、とても日本古来の伝統ある将棋の世界とはまったく異質なものを感じます。

そのような言葉遣いは、仲間同士では許されても、テレビの世界では許されるものではないはずです。

そういう状況に対して、番組責任者はどう考えているのかを知りたいものですが、その次の週も相変わらずの調子ですから、推して知るべしです。

私は、将棋というものが若い世代に伝わり、広がっていくことに反対しているわけではありません。

将棋の精神は本来、相手（敵）に対し相応の敬意を払うことであり、武道の精神と相通じるものだと考えています。

勝敗は片方が自らの負けを認めて、「参った」あるいは「負けました」と言うことで勝負が終わり、勝者はおごることなく敗者を思いやる。そういう精神が受け継がれていくものだと信じています。

現実に今でも将棋では、敗者が「負けました」と言う、あるいは駒台に手をやり、頭を下げることで勝負が終わります。

それに皆さんご存知のように、王様（玉）が詰まされてからではなく、それより早く負けを認めるのです。

勝者は敗者を思いやり、敗者は潔く負けを認め、勝者の強さを畏敬し、なお一層の研鑽を誓う。そういう「まいった」の精神が伝わることを望むのです。

それは決して古くて現代に通用しないものではなく、特に日本人の心に深く根ざして受け継がれてきたものだと思います。

近代・現代、そして将来においても世界に通用するものだと信じています。

いや、今なお世界戦争の危険性を孕《はら》む争いが起こっている二十一世紀にこそ、求められる精神であり、これからも人類にとって極めて大切な精神だと信じています。

こうした世界に誇れる優れた精神や仕来りを、将棋関係者、特に将棋連盟の方々には常に肝に銘じていただき、テレビ放送ではチャラチャラした言動を控え、将棋本来の精神が伝わる番組づくりを心がけていただきたいものです。

棋士を追いかけたり、ランチのメニューを知りたがったりするファンは本当に望ましいファンではありません。

時間が経てば、きっと興味はほかの何かに移って「キャーキャー」言っていることでしょう。

関係者は奇をてらうことなく、将棋の持つ本来の奥深い精神を理解する愛好者を増やすよう、努力されることを期待します。

男女平等とは!?

日本国憲法では、国民の平等について、第十四条で「すべて国民は、法の下に平等であって、人種、信条、性別、社会的身分又は門地により、政治的、経済的又は社会的関係において、差別されない」と規定されています。

男女平等に関連して、第二十四条二項では、「配偶者の選択、財産権、相続、住居の選定、離婚並びに婚姻及び家族に関するその他の事項に関しては、法律は、個人の尊厳と両性の本質的平等に立脚して、制定されなければならない」と定めています。

即ち、憲法は生活すべての場面で男女平等と規定しているわけではないのです。

法の下での平等と、一定の法的行為を行う場面において、その根拠となる法律を制定するときには、男女平等を前提として定めなければならないとしているのです。

私たちは、ときどき「男女平等」という言葉を口にします。マスコミでもときどきこの言葉を遣います。

しかしながら、そう安易に遣ってはいけない言葉なのかもしれません。

第一、男女は平等ですか。まず人はすべて平等ですか。

人は生まれながらにしていろいろなしがらみを背負わされています。家庭の社会的・経済的地位、体格、健康ならいいですが、障害を持って生まれてくる子もいます。同じ程度の学力があっても一人は有名大学に、一人は高卒で就職しなければならないかもしれません。

そして性別が違えば、おのずと未来は違ってきます。多くの女性は出産も経験するでしょう。

「主夫」という言葉が作られ、そういう役割分担は可能ではありますが、男性が出産を代わることはできません。

体力は男性が上回っていて、多くのスポーツ競技が男女分かれて行われます。

一〇〇メートル競走を例にとれば、世界でも十秒を切る女性選手はいません。

このように「男女平等」という言葉は現実的ではなく、本当の意味を理解したうえで遣っているのではなく、軽い気持ちで、あるいは女性を尊重する意味を込めて遣われているのだと私は考えます。

その点を特にマスコミは留意して遣ってもらいたい、というより軽々しく遣ってほしくない言葉です。

男女は同権であっても、すべてにおいて平等ではありえません。憲法はそのように規定しているのだと私は理解しています。

「男女は法の下において平等」ということはそういうことなのだと思います。

私たちは、そのことをぼんやりと、ではなく、明確に頭と心に刻んで、常に思考のベースにしていかなければならないと思います。

自由主義の限界を問う

第二次世界大戦の後、東西の対立は残ったものの、経済においては自由主義経済が世界中に広がりました。中国でもロシアでもコーラやハンバーガーの店が見られるようになりました。

それから約八十年、こうした自由経済が世界を席巻していく中で、地球温暖化による諸問題、ゴミの大量発生、インターネットの普及によるＩＴ犯罪の増加など、地球規模の多くの人命にかかわる、かつて人類が経験したことのない大きな不都合が生じています。

それは地球の寿命を削るほどの大問題になっています。

人々は、そうした問題に対応しなければ、と認識してはいるけれど、いまだに残る飢餓や独裁、人種差別や宗教問題、内乱や政情不安が対応を先送りにしています。

それに加えて始まったロシアのウクライナ侵攻が世界中を巻き込み、それどころではない状況を生みました。

しかし地球の延命策は待ったなしなのです。今すぐ戦争をやめて世界中がそれらの問題に取り組まなければ、何百何千という島が海に呑み込まれ、世界中の海はペットボトルやプラスチックごみで埋め尽くされ、人々は憎み合い殺し合うことになりかねません。

その対策として考えられる唯一の方策は、ある程度自由を制限することです。自由主義の前提は性善説です。その幻想は脆くも打ち砕かれ、人々は自分の欲求のままに行動するようになりました。

しかし、もともとやりたい放題の自由などこの世には有り得ないのです。個々人の自由はある程度制限されるべきであり、企業活動も制限されるべきです。例えば新製品を出そうとするときは、それが国民のために真に必要なのか、現在の製品よりどう進化しているのか、リサイクル率はどの程度か、などをしっかりと精査する国家機関が必要です。

滅多やたらに新製品が氾濫し、今使っている製品が壊れていないのに新しい製品に替えてしまったり、部分的な故障であるにも拘らず、買い換えが必要だったり、また価格が新製品のたびにはね上がるような自由経済は、消費者のためにも、地球のためにもあってはならないからです。

そして国家の活動についても制限する必要があります。それには世界基準や世界的法規が必要です。そしてそれを守らせる組織が必要です。

そうした組織として、現状の組織で考えれば国際連合になるのですが、現在の国際連合にはその能力はありません。

新しい発想で国連を大改革し、絶対的決定権と執行権を付与し、常任理事国などは存在せず、各国一票ずつの会議で決定し、もちろん拒否権などは認めないようにすべきです。もともと戦争当事国が拒否権を持って会議に参加すること自体あり得ないことです。そんな組織の存在価値はありません。

そして各国が所有していた核兵器はすべて取り上げて廃棄しなければなりません。すべての国がいわば「制限付自由主義」でなければなりません。

その精神は「地球の命を守る」ということを最重要課題と考えることです。戦争などもってのほか。テロリズムや人種差別・男女差別も、宗教対立も経済対立もなくし、すべての人は地球に優しいかどうかの基準に従って行動すべきです。

以上の提案は、到底不可能な考え方であることは承知しています。しかし、これからは、それくらいの発想で世界をリードしていかなければ、次の世代、そしてその次の世代の人たちの平穏な生活が保証できないほどの状況になっているのだと思います。

もはやこれくらいの覚悟が必要な時期に来ているはずです。

原子力発電所は魔物

私は言葉を短縮することが嫌いです。日本語を大切にし、できるだけ正確に表現したいからですが、話を進めやすくするために、ここでは原子力発電所のことを敢えて「原発」とさせていただきます。

さて、私は原発には大反対です。

あれほど危険なものを、しかもあれほど悲惨な事故を経験しながら、なおもそれに固執する政府の在り方には、呆れるばかりです。

原発の関連企業は、ほとんど日本を代表する大企業であり、税収だけでなく、政治献金も多額であることは想像に難くありません。

「天災は忘れた頃にやってくる」と昔から言われましたが、原発事故は人災です。

人災は文明が進化すればするほど頻繁にやってきます。そして大きくなります。このことも誰もが経験し、認めていることです。

その中でも原発事故は、人への影響だけでなく、土壌汚染という被害を伴い、それが何千年、何万年と続きます。

多くの人が働く職場では、小さなミスは必ず発生します。あるときは同僚や上司が発見して何事もなかったかもしれません。また、たまたま事故に至らない程度の出来事で済んだかもしれません。

東日本大震災のときは、天災と人災の両方が発生したのだと思います。非常時に混乱して対応を誤ったのかもしれませんが、「想定外の事故」などというのは言い訳でしかありません。

天災の大きさを予測したり、人災の完全抑止など到底不可能なことです。

結局、責任を回避するために誤魔化しているにすぎません。

原発の廃棄物が無害になるのは十万年後だといわれています。その安全性を担保するために、どれだけの費用と労力がかかるのでしょうか。それまでに世界中のどこかでまた原発事故は発生するでしょう。

原発の費用対効果は、十年、二十年先の目先であれば良い成果が見られるかもしれませんが、今までの世界の歴史を見れば、一〇〇年先にはまたどこかで事故が発生し、膨大なダメージが発生することでしょう。

そうでなくても、廃棄物の処理は毎年増えていき、大規模な地震が起きたら処理容器が破損することも考えられます。

いずれにしても、原子力は人間が造り出した魔物です。その正体を、広島で、長崎で、そして福島で、三度も経験したにも拘わらず、まだ固執する政府の上層部の人たちは、悪魔に魅入られた人たちというしかありません。

私たちは、覚悟を持って原発に別れを告げる決意を持たねばなりません。

そのためには、なるべく早期に、原子力発電に代わる発電方法を構築し、代替エネルギーを作り出さなければなりません。

国民はそれを支援し、ある時は多少の我慢をしなければなりません。

しかし、人類はすでに代替の方策を身に付けているはずです。時間がかかったとしても、未来の人類のために絶対に為すべき仕事です。

長い人類の歴史上、今ほど未来の地球のことを考えなければならなくなった時期はないと思います。

その要因は、人類が文明というものを絶対的「善」として崇め、追求してきたからにほかなりません。

原発、インターネット、ＡＩ、そして文明の進歩そのものが人類を滅ぼす可能性に、理性ある人々が気づき、その野放し状態におののいていることと想像します。

いまこそ、世界中の人々に、地球の危機を伝え、ともに立ち止まって未来の地球のことを考えようではありませんか。

インターネットとゲームの罪

インターネットについて

現在多くの人々が利用している携帯電話（スマートフォンを含む）は、通信機能・コンピュータ機能・計算機能など多様な機能を備えています。

その歴史をどこまでさかのぼるべきか分かりませんが、通信機能について考えますと、太平洋戦争直後の一九四六年のアメリカのベル・システム社が、携帯式の電話サービスを始めたのが原点だと考えられます。

以後携帯電話は急速に小型軽量化し、メール機能に始まってコンピュータ機能を付加し、今では決済機能まで持つようになりました。

皆さんが電車に乗られたとき、ラッシュアワーでなければ、ほとんどの乗客が、携帯電話の画面に集中している光景を目にすると思います。

立っている人でさえ片手で携帯電話を掴み、また明らかに友人同士と思える人たちも、話すことは少なく携帯電話に夢中です。

でもあなたはそんな光景を目にする前にすでに携帯電話に向かっていて、気が付かないかもしれません。いつも電車に乗ったら周りの人たちの行動を観察している私こそ変人なのかもしれません。

ところで、この携帯電話に関して、深刻な問題が発生していることは皆さん感じておられると思います。

SNSによる誹謗・中傷、犯罪に関係する情報、性やギャンブルに関する情報などです。どれも有害なものですが、特に青少年にとっては、将来を不幸にしかねない極めて危険な情報が氾濫しています。

誹謗・中傷によって精神を病んだり、有害な情報に誘われて借金苦に陥ったり、犯罪に手を染めたり、ついには自殺に追い込まれたという例もあります。

こうした現状を放置することは国の損失です。若者が年々減少していく日本にとっては特に重大問題です。若者が心身ともに健やかに育つよう早急に対策を講じる必要を痛感します。

ともかく、現状のインターネットの功罪は、「罪」の方が大きすぎます。

もはやインターネットは「マスメディア」と化しています。それも何の制約もなく、ほぼ無料で自らの意見を発信することができます。

従来のマスメディアは、それなりの規模と組織で、国の特別の許可と管理の下で初めて発信できるものでした。

そこには、メディアとしての矜持と責任の裏打ちがありました。

しかし、インターネットの世界では、全くそのような精神も責任もなく言いたい放題の状態であり、その矛盾に対しての現在の政府の対応は効果を挙げていません。

そうした状況が、マスメディアそのものを破壊し、新聞もテレビもその存在価値は急速に低下しました。

それら従来のマスメディアは、決して無用なものではなく、国として今や守らなければならない存在なのです。

まして、現状のインターネットでは、誹謗中傷や、犯罪勧誘情報があふれていることを考えれば、早急に対応が必要なことは明白です。

そのための方策としては、現在も行われているとは思いますが、政府の専門機関が、インターネットの情報をできる限り検閲し、相応しくないものを取り除くとともに、該当するプラットホーム企業に警告あるいは活動を停止させることのできる法整備を行うことが求められます。

さらに、携帯電話からインターネット機能を完全に切り離すことです。

そのことがいかに現実的でないかは理解しているつもりです。しかし、現在私たちはあまりに携帯電話に頼り過ぎています。情報源として、財布として、コンピュータとして、時計として、手帳として、などなど。

それを紛失したり盗まれたりしたら、その情報的・経済的損失は膨大です。それを分散させるためにも必要だと考えます。

インターネットはパソコンに限り、例えば登録料を十万円以上（企業なら規模に応じて）にして、それを受け取る企業には、特別税を納めてもらうのです。

このような経済的なハードルを設けることで、悪質業者からの情報も相当にガードできるはずです。

特に十八歳未満の青少年と子どもたちには通話とメール、それにGPS機能だけの携帯電話機を作り、その機種以外は利用を認めないようにすべきです。

そうした機種であれば、当然安価に設定できると思いますが、補助金制度も導入し、高齢者や多種の機能を必要としない人たちにも広く利用してもらいましょう。

現在携帯電話を持っていても「電話以外はほとんど利用していないねえ」という方もおられると思います。無駄な費用を払い続けることはありません。

この方策によるメリットがもう一つあります。子どもたちは今、何かの疑問が起きたときにはすぐに携帯電話で検索しています。

決して辞典や辞書で調べたりすることはないでしょう。しかし、そうした自ら書物を探して調べたり、図書館に行って調べたり、年長者に訊いたりすることで、その知識以外のいわゆる知恵が生まれます。

途中で話が脱線して申し訳ありませんが、知識と知恵は大きな違いがあります。ほかの章でも述べましたが、ちょうど十分で行ける最寄り駅には、列車の出発時刻の十分前に家を出ればよい、と理解して答案に書くのは知識です。

しかし実生活ではそんなぎりぎりに出かけていては、途中で想定外の出来事があるかもしれません。プリペイドカードが残高不足かもしれません。普通は誰でも二、三分位は早めに家を出ています。それが知恵というものです。

知識で知り得た情報を実生活に生かすのが知恵です。世の中は知識だけでは暮らしていけません。知恵があってこそ生活ができるのです。

いまの子どもたちにはその知恵が育っていないと思われます。その一つの原因が「携帯電話」だと思うのです。

疑問を解決するのに辞書を調べることで、辞書とはどのように構成されているか、どんなことが掲載されているか、どんなときに使うと便利か、などを知ることができます。

図書館に行けば、その疑問を解決するのにどう行動したらいいのか、どんな書物を探したらいいのか、いろいろ考え、係員に訊いたりしながら試行錯誤して調べることになります。他人との交流も生まれます。

それが本来の学習であり、知恵として身に付いていきます。そういった知恵が、将来役に立つのです。

いつも手持ちの携帯電話で検索するだけで解決してしまう、という事態は決して健全ではありません。

ゲームについて

いま、ゲームとは何を指すか、と訊かれても時代により変化していて明確に答えられませんが、現代では、液晶画面で主に個人的にゲームを楽しむものが主流でしょう、いまはテレビ画面で行うことは少なく、携帯電話を使って楽しんでいると思います。それらをここでは「ゲーム」と呼ぶことにします。

さて、ゲームの内容をいちいち挙げることはできませんが、その中で多いのが相手を倒すゲームだと思います。

たとえゲームであっても相手を傷つけたり、まして殺したりする内容のものは個人的に決して黙認できません。

戦うとはいっても、常に相手に対する思いやりや命の尊さを理解していることが必要です。容赦のない戦いは子どもの繊細な心を歪め、残忍な心を育てます。

そのことが、このところの青少年犯罪の凶悪化に繋がっているように感じます。

伝統的な碁や将棋、オセロやトランプゲーム、スポーツゲームやクイズゲームなど、そうしたものを現代的にアレンジし、子どもの心を健全に育てることを第一義に考えてもらいたいのです。

もう一つのゲームの欠点は、麻薬的な影響です。ゲームに熱中し、勉強も学校も、両親も友人も、食事も睡眠も何も考えられなくなったら大問題です。

現在の状況は、特に自分の世界だけに入り込んで、周りが全く見えなくなるという危険性を孕んでいます。

社会性という子どもの成長に極めて大切な要素が抜け落ちることで、反社会的な精神が育ち、ついには犯罪を誘発します。

現在の日本は、私に言わせれば「法治国家」ではなく「放置国家」です。

自由は本来重大な制約の上に成り立っています。それは他人の生命と自由を侵さないことです。現在の日本の状況は自由が放置され過ぎているように感じます。

インターネットもそうですが、ゲームはどんな凶悪・残忍な内容でも、社会性を軽視あるいは無視したものでもOK。それでいいのでしょうか。

いやいやそれは違います。そんな自由は制限されなければなりません。

日本の将来を考えれば、「何でも自由」をこのままにしておいては国の存亡に関わります。一刻も早く手を打つ必要性を痛感します。

ちょっと気になるあれこれ

AIについて

世はまさにAI全盛の時代です。家庭電化製品でも車でも、今やほとんどAIが使われています。

ところで、私はAIに関して二つの大きな懸念を抱いています。

最新の電化製品やロボットの登場で確かに便利になりましたが、考えることも機械任せになってしまったら、人は何をすればいいのでしょう。

企業では、事務処理から新製品開発やそのPR活動・販売促進や広報までもAIが行い、個人の生活では、料理も掃除も、宿題や大学の卒論、上司への謝罪までAIが考えてくれます。

人は創造力を失い、仕事も失い、生きがいをなくして、無気力になって自殺者も増えるのではないでしょうか。

もう一つの懸念は、AI同士のトラブルです。

相性の悪い、そして理性を持ち合わせていないAI同士が対立し、武器まで使って戦い出したら人は止めることは不可能でしょう。

その対立が広がって世界中を巻き込む、なんてことだって無いとは言えません。

人は相手を許すことができますし、我慢することもできますが、AIにそれを期待することができるでしょうか。

人は便利になることが幸せとは限りません。中には、都会の喧騒を離れて、自然豊かな静かな田舎に住みたいと思う人もいます。

人はそれぞれ個性を持ち、その多様性によって世の中のバランスがとれているのだと思います。そして寛容と忍耐とを持ち合わせているからこそ争いも減らせるのです。

とにかく現時点でのAIは、一つの方向しか向いていません。

多様性はなく、理性も感情も持たないAIが幅を利かせる社会は、私たちが望んでいる未来ではありえません。

くれぐれもAIの利用は、人を幸せにするためだけのツールとして、極めて限定的であってほしいのです。

世界的に見ても、経済優先の考え方や、自国の利益しか頭にないリーダーの国が増えている現状では、もはやＡＩの開発は人類に幸せをもたらすどころか、破滅をもたらす可能性の方が高いと考えた方がいいようです。

いまＡＩの開発を手放しで進める、ということに警鐘を鳴らす動きもあるようです。そうした動きが広がって、ＡＩが人類の本当の幸せに繋がるよう心から期待します。

近年の事件について

近年、私たちが幼い頃には経験したことのないような事件がしばしば起きています。例えば、列車の車内で見ず知らずの人を切りつけたり、小学校の校庭に車で侵入して児童をはねた事件など、全く予想だにしない事件です。

それらは、すべて不特定多数の人たちをターゲットにしています。被害者は全く予想も回避もできない災難です。

それらの事件の加害者は、自分が世の中で決して注目を浴びることがないことに憤慨し、大事件を起こして世の注目を集めたい、という欲求によって事件を起こしたのだろうと報道されています。

経済性優先の今の環境に日頃から重圧を感じて、押し潰されてしまったのかもしれません。自暴自棄になって、こんなみじめな今の生活なら、犯罪を起こして刑務所で暮らした方が楽だと考えたのでしょうか。

いずれにしても、こうした事件の加害者は環境に適合できなかった人に違いありません。このような人たちを生み出しているのは、今の教育に問題があると私は考えます。

「教育」についての章でも触れましたが、例えば、中学校や高校で習った数学を大人になっても正確に覚えている人がいったいどれだけいるでしょうか。その後の人生でも何の役にも立っていません。

義務教育では、健全な心と体を養い育てること、それを第一に考えて教育すべきです。これから生きていくために本当に必要なことを徹底して教えるべきです。

人はどう生きたらいいか。どのようなルールを守って生きたらいいのか。自分で何を心のよりどころとして生きたらいいか。自分のできることは何か。自分の長所と短所は何かなど、人として生きていくために必要な知恵を教え、悟し、自分で見つけるための指導を絶え間なく実践することです。

事件を起こした人たちは、自分の生き方や生きるための方策を教えてもらえず、自分で見つけられなかった人たちだと思います。

こうした不幸な人たちによって、不遇の事件に巻き込まれる人たちが生まれてしまいます。

悲惨な事件を起こさないようにするには、教育を抜本的に変革しなければなりません。省庁の小手先だけの思い付き対策など、なんの役にも立っていません。

今こそゼロからの見直しが急務です。

広告塔の責任について

「広告塔の責任」と聴いてもピンとこない方もあるかと思いますので、ご説明いたします。テレビやラジオ、新聞や雑誌、近年ではインターネットなど、いわゆるマスメディアで、ある企業やその商品をＰＲするために登場する有名人（出演料を貰った人）は、万一その企業や商品によって購入者に被害が生じた場合には、何らかの責任がある、ということです。

テレビを視ていると、特に健康食品が目立つのですが、とても信用できないような内容のコマーシャルが放送されています。

そこには必ず有名人が出演し、商品を滔々《とうとう》と賞賛しています。

いったい、その商品についてどれほどの知識があり、本当に利用して満足したのでしょうか。

契約料のために、いい加減な気持ちで出演すること自体、問題であると感じます。

被害が発生したとき、海外では、広告塔の責任について訴訟になっているケースもあると聞いていますが、寡聞《かぶん》ながら、日本ではまだそういった訴訟はないのだろうと思います。

しかしながら、私は以前から、広告塔には相応の責任があると考えていました。

よく知っているタレントや、応援しているスポーツ選手が宣伝しているので買ってみた、という消費者は必ずいるのです。

その商品によって、購入者に被害が発生したときには、そのタレントや選手には責任があるのは当然だと考えていました。

ただ、訴訟になれば、商品と被害との因果関係、そのCM内容と購入との因果関係など、証明することが難しく、時間がかかって、消費者救済が遅れるでしょう。

そこで、次のように提案したいと思います。

CM出演者が、特定の商品をマスメディアでPRするときには、

①その商品を実際に愛用していること

②その商品がとてもよかったと確信したこと

少なくとも、以上の最低条件が必要だと思います。

お金をもらったから出演することにした、というだけでは許されないと思います。

CM出演の契約料は、有名人なら数百万、場合によっては億単位だといわれています。

契約料を手にしながら、その企業の不正あるいは製品の不具合などで被害が出た場合は、どんな超有名人であっても、PRに手を貸した責任は免れません。

私はこうした事案が発生したときは、裁判の結果を待つことなく、すぐに消費者の救済が必要だと思います。

具体的には、企業が虚偽の根拠に基づいた内容でCMを放送したり、法律に違反した方法で商品を製造販売したりして利用者に被害を与えたときは、その企業のCMに出演して販売を促した有名人（有名人でなくても）には、CM契約料全額を返還して、被害者救済に充ててもらうということです。

契約書にこうした内容の条項を明記することが望まれます。

いずれにしても、CMだからといって、心にもないことを口にすること自体、すでに責任感のある有名人とは言えない、と私は考えます。

オリンピックについて

二〇二一年に開催された二度目の東京オリンピックは、新型コロナ感染の拡大で一年延期されるという特異な状況の中で開催されました。

その大会開催において、メイン会場のデザインについてのトラブル、エンブレムの盗用疑惑、組織委員会会長交代のハプニング。そしてついに贈収賄事件にまで発展するという事態に至りました。

常日頃からオリンピックについては、開催における多くの弊害と、競技種目に対して大いなる疑問を抱いていましたが、今回は特に黙っているわけにはいられなくなりました。

一九六四年の東京大会においては、戦後敗戦国からの完全復活を世界にアピールするという大きな目的がありました。

当時国民の中には「オリンピックってどんなもんや」「えらい金がかかるそうやね」という意見もありましたが、大会が近づくとともに、オリンピック熱は日本中に広がっていきました。

終了後に上映された市川崑監督の集大成記録映画は、観客動員数二三五〇万人。カンヌ映画祭をはじめ七つの賞に輝きました。

もちろん私も観ましたが、開会式のテーマソングが流れると体が熱くなり、思わず涙ぐんでしまいました。今でもあの曲を聴くとあの時の熱い感動が甦ります。

話が脇道にそれてしまいましたが、二〇二一年開催のオリンピック大会は、前回と比べると国民の捉え方が大きく変化したことを強く感じます。

国の発展とか国家意識の高揚とは程遠く、結局限られた人たちの利益のためのオリンピックになってしまったという印象です。

今回のオリンピックにおいて露見した不祥事は、これ以外にも舞台裏で数多く行われていたことは想像に難くありません。

近年のオリンピック開催に関しては、既に世界中から、超過度な商業主義に対する懸念と批判が寄せられていました。

日本以外の開催地でもＩＯＣ内においても、このような許しがたい不祥事が起きていたことと思います。

そこで、こうした状況を一掃するための提案をしたいと考えます。

まず各国での開催をやめて、会場をギリシャのアテネに固定させます。競技会場をなるべく集中させ、宿舎や事務棟などもすべて一か所に集約させ、「オリンピックビレッジ」として公園機能なども備え、普段はスポーツ競技や練習を行うだけでなく、散歩や宿泊もできるようにします。

大会は、主に各国からの支援金で賄い、不正や贈収賄を厳しく監視し、さらに一つのスポンサーに偏ることのないよう、ＩＯＣがすべての運営を監督します。

費用はできるだけ抑え、スポーツの祭典に相応しいフェアな大会実施を徹底させるようにします。

今後は、ＪＯＣというような、開催国のオリンピック開催に伴って甘い汁を吸ってきた組織はなくなります。

次に、メダルについても、どの大会も同様のデザインとして、開催年と競技名だけを刻印するようにします。

三番目に、競技種目も古代オリンピックからの伝統を尊重し、原則的に鍛えられた肉体を使って行うものとして、毎回猫の目のように変わることのないようにします。

具体例を示しますと、競技種目については、四十年（十回開催）を区切りとし、その間は一切の種目変更は行わないこと。できる限り伝統的なアスリート競技を中心とします。

確かに時代の変化とともにスポーツ競技も変化することは認めます。しかしながら、特定の競技が、ある大会では実施されたにも拘らず、次の大会では廃止され、何年か先にまた実施されるというような状況は、決して望ましいものではありません。

メダル獲得者にとっても何か釈然としないものが残ります。メダルのメダルとしての価値はどの大会においてもなるべく同等レベルであってほしいからです。

また、次々に新たな競技が登場しては、会場設営にも支障をきたし、経費増加や運営方法などへの対応も問題です。

オリンピック競技種目は、猫の目のように変化したり、世界を見渡したらほんの一部の人たちだけのスポーツであったりするものではなく、広く世界中の人々に親しまれている、まさに世界的競技であることを望みます。

個人的見解ではありますが、新しい競技の中には、体の一部分や、頭脳だけしか使わないものだったり、途上国では全く実施されていないものだったりという競技が多く見られます。

新たな競技の関係者は、十回の区切りの競技種目の選考のときまでに、いかに世界中にアピールし、人気を盛り上げられるかを考えればいいのです。

それに、何もオリンピックにこだわらず、競技ごとに世界大会を開催すればいいわけです。現在でも世界大会というものが数多く実施されているからです。

最後に、現代はもはやボーダレスの時代です。どの国の選手団を観ても肌の色はまちまちで、今や日本のチームにも外国人選手が参加しています。

このような状況であるにも拘らず、表彰式では未だに優勝選手（たち）の所属する国歌が演奏されています。実に異様に感じるのは私だけでしょうか。

このような愚行は速やかに撤廃し、飽くまでも個人（あるいはチーム）を称えるという、オリンピック本来の精神に還るべきだと思います。

確かに時代は変化しています。しかしながら、その対応は極めて合理的でなければなりません。一部の関係者の裁量だけに左右されるようではいけません。

願わくば、世界中から選ばれた人たちによって、新たに「GOC（ギリシャオリンピック委員会）」を創り、半永久的に管理・運営を行って、質実剛健で健全な大会を開催していただきたいと思います。

そして合理的な変化と伝統がバランスよく考慮されたオリンピックであって欲しいものです。

ふるさと納税について

ここ数年、ふるさと納税の情報をよく耳にします。中には過度の返礼品が物議を醸したこともありました。

ところで、私はふるさと納税をしたことはありませんし、実はふるさと納税の制度そのものに疑問を抱いているのです。

まず、納税にはどういう意味があるのでしょう。納税は国や地方自治体に、円滑な行政を実施してもらうためにするものです。

自分が属している国と自治体に、安心・安全な暮らしができるよう仕事をしてもらうために納めるものです。

自分の故郷がたとえ遠隔地であったとしても、誰もが自分に住みよい生活を保証してくれる、現在住んでいる自治体に納税すべきです。

もし急病になったときに呼ぶのは、住んでいる自治体の救急車であって、ふるさと納税した自治体に連絡しても来てはくれません。

火事の際に飛んできてくれる消防車も最寄りの消防署からです。

極端に考えれば、ふるさと納税をして、居住自治体に正当な納税をしていない人には、救急車も消防車も後回しにされても文句は言えないとさえ言えます。

正当な納税者が、そういう差別的な対応を望んだとしても、それはある意味理に適ったことだと言えるのではありませんか。

ふるさと納税そのものは間違ったことではありません。過疎が進んで財政に苦しむ自治体への応援は、むしろ歓迎すべき行為だと思います。

しかしながら問題は、その納税のために居住地への税が減免されるということと、特定の自治体が過度な返礼品で集税競争をしていることです。

返礼品欲しさに納税地を選んでいる人が多くいるということは、ふるさと納税の本来の目的に適っていないのです。

自分の故郷を大切にする心があるなら、居住地への正当な納税を行ったうえで、故郷に無償の寄付という形で行ってもらいたいものです。

政府は十分に検討することなく、どんな影響が出るか、不平等ではないか、などを精査することなく新たな制度を作るために、いろいろなトラブルが発生します。

政治を行う人たちには、もっと勉強し、努力して、単に自らの利益や票につながる政策ばかりをひねり出すのではなく、将来をしっかりと見据えた「国民のための本来の政治」

を行ってもらいたいものです。

ハロウィンについて

近年、十月三十一日を「ハロウィンの日」と称して、おかしげな恰好をして騒ぐのが若者を中心に流行っているようです。

私はハロウィンについては、あまりよく知りませんでしたので、ウィキペディアで起源を調べてみました。

すると、アメリカに渡ったアイルランド人移民の宗教的儀式が、徐々に広がったのだとされています。

その由来は、ケルト民族のキリスト信仰によると、十一月一日が夏から冬へと切り変わる日で、一年が始まる「万聖祭」とされ、その前日に亡くなった人たちの霊が戻ってくると考えられ、その霊から身を守るために仮装したのだとされています。

その悪霊を驚かすための一つの方策として、カボチャをくりぬいて中にロウソクを灯したことから、その風習が現在のハロウィンに繋がっているようです。

しかし、現在の日本のハロウィンは宗教的な色彩は微塵もなく、単に騒ぐだけのまことにくだらない行事になり下がりました。

それに悪いことに、ここ数年ある特定の場所に多くの人たちが集中するようになりました。

これはSNSによる影響だと思われますが、人の集まる場所で、その仮装振りを自慢したいという思いが、そうさせているのだと思います。

そのために、密集する人たちの混乱を防止するための警察官まで出動する羽目になり、交通は遮断され、近隣の住民は騒音と不安に悩まされることになりました。

この混乱により、事故や事件が起きる可能性が非常に高まります。

現実に韓国では大事故に繋がり、多くの人命が失われました。

そして、騒動が収まった未明の街角には、ゴミの山が残され、その回収にも多くの手間と労力が必要となりました。

このような混乱は決してあってはならないことです。

また、こうした現象によく似たものがクリスマスとバレンタインです。これらはすべてもともとキリスト教の宗教的祭礼や習慣でした。

これらの宗教的行事を現在のようなただの年中行事にしたのは、一部の企業とマスコミです。

ほとんどの日本人に関係のないこれらの行事につけ込んで、コマーシャルで煽り、この機に自社製品を大量に販売して儲けようと考えたからです。

その思惑にまんまと乗せられた人たちが、その起源も知らずに無駄金を使って騒いでいるだけなのです。

賢い人ならそんな誘惑には乗りません。それに、クリスマスにはレストランもホテルも高くなります。バレンタインはチョコレートも高くなります。その時期にわざわざ不経済な行動はしないのが得策です。

皆さまも、どうか下心ある扇動に惑わされることなく、賢く穏やかに暮らしていかれますよう願います。

「線状降水帯」について

近年地球環境が大きく変化して、世界的に自然災害が増えています。太平洋の小さな島々では水位が上がって島が存続の危機に瀕しているという話も聞きます。

日本でもこのところ水害の被害が多発しています。その原因は雨の降り方の変化です。想定外だとか過去にない雨量だとかいうニュースを耳にしますが、最近特定の地域に集中的に雨が降ることを、気象庁は「線状降水帯」が発生した、と言っています。

この言葉が私にはどうしても理解できません。

「線状」というと、長く伸びたものをイメージさせる言葉ですが、幅や広がりを表す言葉ではありません。

「降水帯」という言葉はそれなりに理解できます。雨を降らせる厚い雲が帯のようにつながっている、という意味でしょう。

気象庁が言う「線状降水帯」という言葉の本来伝えたい意味は、多量の雨や雪を降らせる帯状の雲が特定の地域に継続的に発生する、ということを表しているのだと思いますが、「線状降水帯」という言葉には、「線」と「帯」という全く相反する言葉が同居していることと、特定の地域に集中して雨が降るという一番重要な要素が抜け落ちています。

多量の雨を降らせる雲が連なっていることと、その雲が特定の地域に集中して雨を降らせる危険性を、敢えて短く表現するなら、例えば「集中降水雲帯」あるいは「特定地域降水雲帯」と言わなければなりません。

災害発生の危険性を住民に知らせるために、恐ろしさを煽る意味で、まさか「煽情降水帯」と言いたかったのでしょうか。

このほか「熱中症警戒アラート」という用語があります。以前には「警戒警報」という言葉があったと思いますが、どう違うのでしょうか。単にカタカナにしただけで、何が変わったのでしょうか。単純に「熱中症警報」と言えば明解です。

いずれにしても、正式な気象用語を決めるときは、広く知識人の意見を聴き、慎重に検討を重ね、国民が正しく理解し、納得してもらえる合理的な言葉を遣って欲しいものです。

このように、ますます増加する災害の対応を迫られる状況にあって、安易な言葉を平気で遣うようなお役所では、まことに心もとない気がします。

車のデザインについて

現代日本はまさに車社会です。どんな田舎の細い道でも、通れる限りは車がどんどん進入していきます。

日本に車が多いのは、公共交通網が極めて限られた地域に偏っていることが原因になっていると考えます。そのことは別の章でも述べました。

ここではその車、特に自家用自動車について述べたいと思います。

日本の自家用車はほぼ六年ごとに、いわゆるモデルチェンジが実施されているようです。

そのモデルチェンジのときにいつも思うのですが、まず、車体が必ず以前より大きくなっていることです。

次に、どこが改良されたか明確でないことです。

もうひとつは同じ名前の車であるにも拘わらず、同一性や連続性がほとんど感じられないことです。

輸入車で人気のあるベンツ、ＢＭＷ、ボルボなどは、それぞれの車に名前が付けられていません。イニシャルと数字で差別化しています。しかしながらどの車にも各社の一貫したポリシーが感じられます。

日本の車は何故これほどばらばらで一貫性がないのでしょうか。せめてサイズだけでも同一性を保てないのでしょうか。

例えば、ある車を気に入って購入した人が、そろそろニューモデルが出たので、買い換えようかと販売店に行き、詳しく聴いてみると、サイズが大きくなったことで、今までは自宅の駐車場にぎりぎり入っていたにも拘らず、新車はサイズが大きくなったために入りきらないことがわかりました。そういうことが現実に起こり得るのです。

さらに、ＡＩ全盛の今日、実際に使うことのないいくつもの機能が追加されたために、価格が高くなったうえ、以前のデザインは気に入っていたのに、ニューモデルには特に魅力を感じない。そんな経験は皆さんにもあるのではないでしょうか。

メーカーは何を考えてデザインしているのでしょう。日本の国土と住宅事情をちゃんと考えているとは到底思えません。

敢えて言いますが、私は日本の自家用自動車のサイズは、長さは四七〇〇ミリ以下、幅は一八〇〇ミリ以下、高さは一三〇〇から一八〇〇ミリ以下にすべきだと考えます。

またデザインの発想の基本として、最低限必要な要素というものがあるはずです。

①車内はできるだけ広く、四人が快適に座れること
②トランク部分はできるだけ広く、低く使いやすいこと
③動力性能が車体に対して必要十分であること
④運転席の視野は死角をできる限り少なくし、ボンネットの先端が見えること

などです。

それに、本当に自信をもって製造した車だったら、六年経ったとしてもモデルチェンジの必要などないでしょう。

自由度を制限し過ぎている、と言われるかもしれません。でも自由は政治や環境、風土や慣習などに制約を受けるものです。

何の制限もない自由などどこにもないのです。

私は、車のデザインについて言えば、誰もが同じような車に乗っているようでも、例えば、ボディカラーの選択の幅を大幅に増やし、シートも色や素材を多く用意し、各種装備も自由に選択できるようにして、世界に一つしかない、自分だけのまさに「マイカー」に仕上げるようにすることが、日本の実情に合っていると考えています。

そうすることで、無駄な機能を付けることなく、各種の部品も統一規格にしやすくなって、ＳＤＧｓの精神にも適うことになります。

日本車は日本の国土と生活習慣に合わせて設計されるべきでしょう。

ある程度の制約の中でも、いろいろな発想で快適さを追求し、改革することが、今求められている継続可能で、地球にやさしい精神だと言えるのではないでしょうか。

商品の修理について

突然ですが、自宅の電気製品が故障したとき、皆さんはどうしますか。

まずは修理を考えますよね。すぐに新しいものに取り換えるのは勿体ないですからね。

ところが最近はなかなか「そうは問屋が卸してくれない」のです。

「故障した箇所は修理がききません」「この部品はもう製造していないんです」と言われ、

仕方なく買い替えをすることになることが多くなっていませんか。

自動車も以前は金属製のバンパーで、少々のへこみなら板金作業で修理できました。しかし今ではポリプロピレンとかいう樹脂製で、小さな傷はともかく、ほとんど全部取り替えが必要になります。それも昔に比べてやたら大きくなって、価格は数万円から十万円を超えるものもあるようです。

世の中便利になったと言われますが、造る側は機械で造って「ハイ新製品をどうぞ」と確かに都合よくなったかもしれません。

また、マクロ的な経済を考えれば喜ばしいことかもしれませんが、消費者はたまったものではありません。

ほんの小さな部品の不具合で、製品全部が使えなくなって、新しいものに取り替えさせられる、というのはまことに勿体ない限りです。

地球的に考えれば、そこで大きな不燃ゴミも発生するわけです。修理ができれば出るはずのないゴミが世界中で増えていくのです。

そのことは絶対的に悪なのです。もう数十年先にはこの地球は二酸化炭素による熱帯化と、ゴミによる環境破壊で、住みやすい場所はほんの一部地域に限られ、別の星に移住するか、劣悪環境の下で苦しむか、ということになりかねません。

そうならないためには、ゴミを徹底して減らすことです。そのために、不燃ゴミになるような製品は、まず機能をシンプルにして壊れにくくすることです。壊れやすい箇所は部品の交換により修理ができるようにすることです。

また製品メーカーは、一致協力して製品の規格をなるべく統一化し、部品の多くは共有できるよう、国が指導・監督する必要があります。

今地球上に起きている温暖化による自然災害やゴミによる環境汚染は、地球の回復力や許容力をはるかに超えてしまっています。

これからはより高い文明を望むのではなく、地球の規模に応じた生活をしなければなりません。経済成長とか好景気などは、もはや「過去の栄光」と認めなければならなくなっているのです。

そう考えなければ地球の命は間違いなくどんどん短くなるのです。

電動キックボードについて

近年、電動キックボードというものが世の中に登場してきました。

その名称が適切かどうかは別として、未だ田舎ではなかなか見る機会はないのですが、都会ではときどき見かけるようになりました。

個人的には、現実にその姿を見るよりも先に、電動キックボードによる事故が発生したというニュースに接することになりました。

電動キックボードは、自転車と同じように、急に停止することはできませんし、何かに接触したら必ず転倒するでしょう。

そういう乗り物で、法を無視した乱暴な運転をしたら、間違いなく事故に繋がるでしょう。

このような誰の目にも明らかな状況であるにも拘らず、それが野放しになっているのが現実です。

ただでさえ交通事故が多い我が国で、一層事故が増える原因となっていると思います。

ところで、皆さんは『電動キックボード』の乗り物としての区分（国としての）をご存知ですか。

「原動機付自転車でしょ」と答えられればご立派です。

確かにそうなのですが、満点ではありません。実は電動キックボードには『特定小型原動機付自転車』というものもあるのです。

この『特定原付』は、サイズと原動機のパワーに制限があり、最高時速が二十キロ以下に抑えられています。

普通の電動キックボードは『原付』として運転免許が必要ですが、『特定原付』なら免許がいりません。十六歳以上なら誰でもすぐに乗れるのです。

自賠責とナンバープレートは必要ですが、『人は右、車は左』程度の交通ルールしか知らない若者が、そのことさえ無視して道路を縦横無尽に走り回るとしたら、事故が起こらないのが不思議です。

実際の道路では、自動車の方が、「事故に巻き込まれては面倒だから」と避けて通っているために事故が防げている、というのが実情でしょう。

しかし、事故は突然発生します。そんなときの事故の責任の割合は、電動キックボードの走り方が悪ければ、責任が大きくなります。

十六歳そこそこの少年には賠償能力はありません。自賠責でカバーできなければ、両親が責任を取ることとなるでしょう。

しかしながら私は、本来責任能力のない人が車両を運転するという現実があってはならないと考えます。

特に自転車と同様に、制動力が弱く、急停止すれば転倒する危険のある二輪の乗り物であるにも拘らず、このような状況を放置している国の対応の杜撰《ずさん》さを、厳しく指摘しておきたいと思います。

解決策としては、第一に、自転車を含め、構造機能の見直しが必須です。

別の章でも述べましたように、二輪車は競技や特殊な職業人に限定し、三輪として、制御力を高め、停止しても転倒しないように構造を変えることです。

第二に、自転車は中学生以上に制限し、実地と交通ルールの講座を受けたうえ、実地試験にパスすることで『自転車免許』を交付することです。

第三に、『電動キックボード』については構造を見直して、制動力の強化と、停止時に倒れることのないような構造にして、すべて免許制にすることです。

第四に、自賠責を全面変更し、対人と対物の賠償限度を無制限とすることです。保険料は上がりますが、車を運転するということは、それだけの責任があるということを、経済的な面からも理解してもらうためです。

第五は政府の対応です。二十一世紀の世の中は急速に進歩しています。新しい乗り物も次々に登場してくると思われます。

その安全性や重要性をしっかりと把握し、早急に適切な対応をしていかなければなりません。

それが難しい場合には、安易な認可をすることなく、時間をかけて慎重に検討していただきたいと思います。

今後は、『AI自動車』や『空飛ぶ自動車』の安全性の問題など、一層難しい対応に迫られるはずです。

政府には、経済性や目先の利益に惑わされることなく、国民の安心・安全を第一に考えて、慎重に取り組んでいただきたいと心から願います。

おにぎりの店について

このタイトルで、いったい何を語ろうというのかを予測できる方がおられたら、かなりクレーマー的要素をお持ちの方だと思います。

近年都会では「おにぎりの店」というものができて、中には行列ができるほど大いに繁盛しているようです。

田舎に住む私の近所にはありませんが、妻が外出した時、たまにコンビニの棚に並んだおにぎりを、どれにしようか迷うことぐらいです。

今では単なる「おにぎりの店」ではニュースにならず、特別変わった趣向のものを売っていないと、メディアでもSNSでも話題にならないようです。

少し前にテレビを視ていたら、ヨーロッパの確かポーランドの女性だったと記憶していますが、おにぎりの作り方を学ぶためにわざわざ日本にやってきた、という話題が取り上げられていました。

つくづく時代が変わった、と感じさせられたものです。

確かに、おにぎりは個人個人が好きな具材を入れて、時間が経っても美味しく食べられるものです。また、簡単に持ち運びができて、どこでも食べられる、という点でもお弁当にぴったりです。

近年フランスのパリでもお寿司が喜ばれ、お弁当という概念も定着しつつあると聞きます。そして今度はおにぎりかと半信半疑で視ておりました。

日本の食文化が海外で取り上げられ、広がっていくことは好ましいことだと思いますが、一方日本国内でおにぎりの店が繁盛し、増えるのはいかがなものか、と私としては納得できないのです。

元来おにぎりというものは、おふくろの味の典型であり、母親が子どもたちの遠足や運動会のお弁当にと、愛情込めて握ったものでした。

そして飽くまでも、外出先で、ベンチさえあれば食べることのできる携帯食であったと思います。

しかしながら、現代の「おにぎりの店」には、夫婦二人で、あるいは家族揃って行列に並んでいる姿も見られるではありませんか。

そのおにぎりを、夕食として家庭で食べるとしたら、何か寂しく、栄養的にもよくありません。

単身者はともかく、それが当たり前だとしたら、心も体も健康的とは言えません。

おにぎりは臨時的な食べ物であり、外出先でどうしても食事がとれないようなときに、母親でなくてもいいけれど、愛する家族のために、心を込めて握ってあげるものです。

ポーランドの女性には、おにぎりの作り方だけではなく、家族や愛する人に美味しく食べてもらいたいと願う、おにぎりに込められた愛情も、併せて持ち帰ってもらえたら良かったな、と心から思うのです。

おわりに

最後までお付き合いくださり、まことにありがとうございます。いろいろと突飛なことや、到底不可能な内容を書き連ねてまいりましたが、その心根は、日本の国が、今のままでは滅びに向かって突き進んでいるのではないかという恐れと、世界的に見ても進み過ぎる文明が、本当に人類に幸福をもたらすのかという警鐘を鳴らす意味を込めています。

現在の日本は、政治・経済・外交・教育・少子化・法整備など、どれをとっても停滞・遅延・放置といった状態で極めて危機的な状況だと思います。

「このままではいけない」。そう信じて書きつづってまいりましたが、それは日本の国が、まことに難しい時代の中で、先進国として生き延びていくために、思案しなければならないことだと考えるからです。

先進国と申しましたが、二十一世紀の先進国とは、今までのように文明の最先端を追いかけることではありません。自国のことだけでなく、世界の状況、地球のいのちを考え、バランスよく適切に、コントロールすることのできる国のことだと思います。

経済性や便利さだけを追求する現代の発想を、このまま続けていけば、人は人間本来の幸福感や優しさを失っていくことでしょう。

最近では聞かれることがありませんが、いっとき「モータリゼーション」という言葉が流行ったことがあります。車社会の到来とそれを謳歌する言葉でした。

私はいま、その言葉を借りて「もう足りてるでしょう」と言いたいのです。

もうこれ以上便利になることは人類にとって本当に幸せなのでしょうか。

もう十分過ぎるほど文明の恩恵を受け、これ以上人として為すべきことを取り上げられたら、することもなくなり、そして考えることさえも奪われたとしたら、人として生きる意味さえ失くしてしまいます。

文明がすべての人類を幸せにした時代は、既に終わったと考えます。いまは新たな文明に対して、本当に人々に幸せをもたらすかどうかを十分に検討・吟味し、冷徹に判断していかなければなりません。

また、一度取り入れたものでも、不幸の種になる可能性があるとしたら、たとえ便利であってもそれに溺れることなく、心を鬼にして捨てていく決断をしていかなければならないこともあると考えます。

そして、世界的に見ても、急速に進歩していく文明によって、かえって人類を脅かすほどになっている現状に鑑み、地球上のすべての人々が歩みを止めて足許を見つめ、人類の根源的な幸福について考え直すことが必要だと考えます。

令和七年二月

竹田　新

著者プロフィール

竹田 新（たけだ しん）

1949年、愛知県生まれ
1974年、一橋大学法学部卒業後、富士銀行（現在のみずほ銀行）入行
1976年、東海テレビ放送に転職。放送・報道・開発・秘書・経理部などを経て、関連会社監査役などを歴任
2014年、東海テレビ放送退社
退職後は町内会活動に携わり、コミュニティ担当・会計監査・町内会長などを務める
愛知県清須市在住

やり直せ　日本!! いっこく親父の紙つぶて

2025年4月15日　初版第1刷発行

著　者　竹田 新
発行者　瓜谷 綱延
発行所　株式会社文芸社
〒160-0022　東京都新宿区新宿1－10－1
電話　03-5369-3060（代表）
03-5369-2299（販売）

印刷所　TOPPANクロレ株式会社

ISBN978-4-286-26434-9